Dae Poep Sa Nim

 # Der Duft der Lotusblüte

Mitten im Alltag
zu innerer Freiheit finden

Texte der buddhistischen Meisterin

Kösel

Bei den vorliegenden Texten handelt es sich um Auszüge aus den Lehrreden von Dae Poep Sa Nim aus den Jahren 1989 – 1994, die unter dem Titel »Daily fragrance of the Lotus Flower« erschienen sind.

Übersetzung aus dem Amerikanischen von Mechthild Borries-Knopp, Oskar Schramm und Jürgen Seggelke.

ISBN 3-466-34406-9
© 1999 by Kösel-Verlag GmbH & Co., München
Printed in Germany. Alle Rechte vorbehalten
Druck und Bindung: Ebner, Ulm
Umschlag: Elisabeth Petersen, München
Umschlagmotiv: Tony Stone Bilderwelten/Ernst Haas

1 2 3 4 5 · 03 02 01 00 99

Gedruckt auf umweltfreundlich hergestelltem Werkdruckpapier (säurefrei und chlorfrei gebleicht)

Inhalt

Vorwort

⟨⟩ Das vorliegende Buch enthält eine Auswahl aus
Dae Poep Sa Nims täglichen Lehrreden an ihre
Schüler, von ihr selbst in poetischer Metaphorik als »Daily
fragrance of the Lotus Flower«, »Täglicher Duft der Lotus-
Blume«, bezeichnet. Wenn Dae Poep Sa Nim ihre Tagesbot-
schaften an ihre Schüler als »Düfte« bezeichnet, so deutet sie
damit an, dass diese geistigen Einsichten dem jeweiligen Tag
eine spezifische Färbung oder »Duftnote« geben, zu einer
bewussten Gestaltung des Tages anregen und den Geist
täglich mit einem neuen Impuls »erwecken« wollen. Diese
Lehrreden sind zumeist kurz und prägnant in der Form und
enthalten je nach der von Dae Poep Sa Nim erfahrenen
Energie des Tages eine ästhetische, poetische, verschlüsselte
oder ganz direkte lebenspraktische Botschaft, die den Schüler
auf den jeweiligen Tag einstimmen und ihn anregen soll,
jedem einzelnen Lebenstag eine klare und verantwortungs-
volle Richtung zu geben, statt sich von den Tagesbedräng-
nissen und -verwirrungen bestimmen und mitreißen zu lassen.

Ji Kwang Dae Poep Sa Nim – so ihr vollständiger Name –
erhielt schon als 18-jährige in ihrem Heimatland Korea von
ihrem geistigen Lehrer die Transmission (die formelle Anerkennung der Erleuchtung). Ihr Name *Ji Kwang* bedeutet
Weisheit, Licht. *Dae Poep Sa Nim* ist der Name, mit dem ihre
Schüler sie anreden: *Große Dharma-Meisterin.* Als solche ver-
körpert sie in vieler Hinsicht eine revolutionierende Gestalt
in der Geschichte des Buddhismus. Damit ist sie die erste
und einzige Frau, der jemals in der Geschichte des koreanischen Buddhismus die Anerkennung als erleuchtete Dharma-

Meisterin zugesprochen wurde. Nicht nur die Tatsache, dass sie als Frau ihre Lehre des sozialen Buddhismus nach Europa gebracht hat, zeichnet sie als eine mutige Wegbereiterin aus. Auch ihre gleichzeitig realistische und mitfühlende Zuwendung zu den sozialen Fragen der heutigen Zeit, ihr humorvolles Verständnis für menschliche Bedürfnisse und Schwächen sowie ihr Konzept von praktischen methodischen Hilfen bei der täglichen Übungspraxis sind eine historische Antwort und Erweiterung des Buddhismus auf die Epoche, in der wir leben. Ihre Lehre richtet sich dabei stets auf die praktische Umsetzung geistiger Erkenntnisse in soziales Handeln.

Wenden wir uns kurz den Inhalten der hier versammelten Lehrreden zu. In ihrer Hinwendung zur Welt und ihren sozialen zwischenmenschlichen Problemen vertritt Dae Poep Sa Nim einen *Sozialen Buddhismus*. Sie erinnert ihre Schüler immer wieder daran, dass es schwieriger und viel wichtiger ist, inmitten des Weltentrubels geistige Ruhe und Klarheit zu erlangen und zu bewahren, als sich von den Menschen und der Welt abzuwenden, um in der Abgeschiedenheit des Klosters oder der Einsamkeit der Berge den Anfechtungen des täglichen Existenzkampfes zu entfliehen. Daher dient das System täglicher Übungen, das sie ihren Schülern empfiehlt, der Entwicklung einer inneren Disziplin und geistigen Konzentration, die den Schüler sozusagen auf einen langen Erkenntnisweg der kleinen Schritte schickt, der Geduld, Ausdauer und Bescheidenheit erfordert.

Ihre buddhistische Lehre ist messbar vor allem an konkreten Handlungen: einer mitfühlenden Hinwendung zu allen Lebewesen, die sich nicht durch Formen oder Namen, durch die Farbe der Haut oder durch Nationalitäten begrenzen lässt. Trotz des schwierigen Vorbilds ihres erweckten Geisteszustandes ist sie gleichzeitig eine lebensnahe Meisterin, der nichts Menschliches fremd ist. In geduldiger Einfühlung versucht sie, mit *Worten, Bildern, Gedichten, Parabeln* oder den scheinbar unlösbaren widersprüchlichen *Koans* die Erkenntnis für die Wahrheit unseres Seins zu wecken und Denkblockaden aufzubrechen. Neben diesen sprachlichen oder ästhetischen Vermittlungsformen, die den Geist oder die Sinne ansprechen, wendet sie eine Vielzahl von Übungsmethoden an, die einer Einheit von Körper und Seele dienen: das tägliche Chanting, die Sitzmeditation, das Mantra-Sagen, und -Schreiben, Niederwerfungen, Atem- und Bewegungsübungen aus alten asiatischen Traditionen sowie Entspannungs- und Partnerübungen, die eher an psychologische Erkenntnisse neuerer Zeit anknüpfen.

In ihren Botschaften an ihre Schüler verweist Dae Poep Sa Nim deshalb immer wieder auf die wichtige *Bedeutung der Übungspraxis im Alltag*, die in Verbindung mit der täglichen Lehre, dem *Dharma*, den Menschen helfen soll, sein wahres Ich zu finden und den Ort des Geistes zu erkennen: »Shakyamuni Buddha erkannte den Ort des Geistes, was der Geist ist und gleichzeitig, wie man diesen Geist korrekt einsetzt.« Die Voraussetzung, diesen Ort absoluter Energie zu erkennen, ist *ein entspannter und ruhiger Geist*, der allen Handlungen im Alltag Stil und Schönheit verleiht.

Alle Übungen, die sie ständig auf überraschende Art variiert, kreisen um das eine Ziel, die Mitte, das Zentrum ihrer Botschaft an die Schüler: dass alle Lebewesen aus dem Ort der Wahrheit kommen, gleichen Ursprungs und daher alle miteinander verbunden sind. Dieser *Ursprungsort* ist mit Worten schwer zu beschreiben, da er gleichzeitig die Leere und die Fülle ist, der Ort der Klarheit, an dem die Gegensätze sich ebenso auflösen, wie die Wertungen in Gut und Böse bedeutungslos werden. Dae Poep Sa Nim symbolisiert diesen Ursprungsort häufig in der Zahl 0 (Zero): Die Null ist Leerstelle und Nichts. Gleichzeitig deutet sich in der Form des Kreises die Unendlichkeit an. Unser jetziges Leben muss dieser All-Verbundenheit Rechnung tragen, wenn wir ein im menschlichen Sinne korrektes, ein von wahrer *Liebe und Mitgefühl* durchdrungenes Leben führen wollen. Nur in der Hinwendung zu den Menschen und im aufmerksamen Reagieren auf die jeweilige Situation erwachen wir allmählich zum korrekten Denken und Handeln. Ein *klarer menschlicher Geist* bezeichnet einen Zustand heller Wachheit und Aufmerksamkeit, in dem wir spontan und bedingungslos auf das reagieren, was der Augenblick gebietet: »Geschäftig wie eine Biene zu sein, bedeutet wirkliches, lebendiges Leben.«

Den Aufruf zum tätigen Leben stellt Dae Poep Sa Nim immer wieder der ichhaften Isolation oder der Versuchung entgegen, sich aus Angst vor dem Leben untätig in ein Mauseloch zu verkriechen.

Auch die Lehre vom *Karma* stellt Dae Poep Sa Nim in den Zusammenhang dieser so wichtigen Selbstverantwortung des Menschen. Karma meint nicht blindes Schicksal, das wie ein tragisches Verhängnis über uns Menschen hereinbricht, sondern es verweist auf die kausale Verknüpfung von Ursache und Wirkung, von Aktion und Reaktion. Dem Menschen wird damit die großartige, aber auch Verantwortung gebietende Freiheit zuerkannt, die Richtung seines Lebens selbst zu bestimmen, die Früchte seines Handelns allein zu verantworten. Diese Einsicht wird von einem großen Vertrauen in die Fähigkeit des Menschen zu selbstbestimmtem Handeln getragen, das mit dem Appell an uns alle verbunden ist, uns aus Selbstmitleid und Opfervorstellungen zu befreien und Selbstverantwortung für alles Tun zu übernehmen.

Was aber ist gemeint mit dieser *inneren Freiheit, dem Zustand der Erleuchtung?* Er lässt sich kaum rational fassen, denn er bezeichnet einen Seinszustand, der sich nur in der meditativen Erkenntnis vermittelt. Trotz dieser schwierigen Übertragbarkeit hat Dae Poep Sa Nim die Gabe, in parabelartigen Erzählungen, in Bezügen auf alte Meister, in konkret-sinnlichen Beispielen oder vor allem durch ihre vorbildhafte Präsenz ihre Schüler diesen Zustand völliger Freiheit erahnen zu lassen – einen ersten Geschmack, einen Duft, einen Klang davon aufzunehmen, vergleichbar einem vollkommenen Kunsterlebnis, in dem sich ebenfalls mehr ein kreatives und spontanes Erkennen als ein rationales Begreifen vollzieht.

Dae Poep Sa Nim antwortet deshalb wie alle Meister niemals intellektuell erklärend auf die Frage, was Erleuchtung sei, sondern erhellt diesen Zustand geistiger Klarheit stets nur andeutungsweise in Worten oder spontanen Handlungen: »Einige Meister sagten nach ihrer Erleuchtung und Erkenntnis: › Katz‹. Auf jede Frage eines Schülers antworteten sie: › Katz‹.

Einige Meister schlugen in ihrer Erleuchtung und Erkenntnis mit dem Stock. Auf jede Frage eines Schülers antworteten sie mit einem Stockschlag.

Einige Meister sagten in ihrer Erleuchtung und Erkenntnis: › Mu‹. Auf jede Frage eines Schülers antworteten sie mit › Mu‹.

Einige Meister sagten in ihrer Erleuchtung und Erkenntnis: › Der Berg ist grün, das Wasser fließt‹. Auf jede Frage eines Schülers antworteten sie: › Der Berg ist grün, das Wasser fließt‹.

Andere sagten: › Trockene Scheiße am Stock‹ oder › drei Pfund Flachs‹.«

Auch wenn wir die Botschaften in diesem Buch nach inhaltlichen Schwerpunkten gegliedert haben, so wird der aufmerksame Leser doch erkennen, dass das Motiv, sich als Mensch den anderen mitfühlend zuzuwenden, alle Themenbereiche wie ein Leitmotiv zusammenhält. *Gute zwischenmenschliche Beziehungen* basieren auf dem Vertrauen in den anderen:

11

»In dem Geist, der anderen vertraut, gibt es Schönheit, Liebe und Mitgefühl. Wenn du jemanden hast, dem du vertraust, wirst du niemals arm sein; du wirst stets in Reichtum leben.«

Dae Poep Sa Nim betont, dass es einer großen geistigen Disziplin und Ausdauer auf dem Wege der *Wahrheit*, dem Buddha-Weg, bedarf. Die bescheidene Bewährung im täglichen Leben ist höher zu bewerten als hochgespannte Ziele und Erwartungen. Buddha (absolute Energie) ist immer da, er ist direkt vor unseren Augen und wartet darauf, dass wir ihn sehen und erkennen: »In Buddha zu sein« bedeutet dasselbe, wie in einem Spiegel zu sein. Wenn unsere Absichten, Sprache und Handlungen korrekt sind, wirft der Spiegel dies zurück. Und wenn sie nicht korrekt sind, spiegelt er dies ebenfalls.

Besonders in der heutigen Welt mit ihren globalen Kommunikationssystemen, ihren Vernichtungswaffen und der Bedrohung der Natur durch die Rücksichtslosigkeit des Menschen gilt es, dieser sozialen Verbundenheit fortwährend bewusst zu sein, um keinen egoistischen Parteilichkeiten und Machtkämpfen zu verfallen, sondern der Ganzheit des menschlichen Planeten Erde zu dienen. Nur wenn wir die *Natur* und unsere Untrennbarkeit von ihr achten, schützt sie uns und sorgt für uns. Wenn ein Mensch den Geist Buddhas erlangt hat, kann er seine *Yin-Yang-Kräfte* ebenso wie die Naturenergie ins Gleichgewicht bringen. Eine solche Buddha-Natur wird durch nichts gehindert, sie ist »wie eine Lotusblume, die ohne Worte im schmutzigen Wasser blüht und vergeht«.

Diese Welt ist ein schöner Ort. Es geht darum, das Leiden zu überwinden. Wir leiden, weil wir diese Welt nicht klar sehen: »In den Bergen blühen die Blumen, im Ozean schwimmen die Fische, am Himmel ziehen Schäfchenwolken, und auf dem Land reifen Früchte und gedeiht viel Gemüse.«

Wenn wir die Welt klar sehen, verwandelt sich Leiden in Glück – dies ist die ermutigende, lebensbejahende Botschaft, die uns Dae Poep Sa Nim mit auf den Weg gibt.

Wir haben die täglichen Unterweisungen zur Orientierungshilfe in vierzehn Themenbereiche unterteilt. Dabei mussten wir in Kauf nehmen, dass der Charakter der auf den jeweiligen Tag abgestimmten Lehren zu Gunsten einer Konzentration und besseren Durchdringung der Inhalte in einer thematischen Gliederung verloren geht. Diese Gliederung macht die Aussagen der Lehren Dae Poep Sa Nims durchlässiger. Sie möge dem mit ihrer Lehre unvertrauten Leser helfen, die wesentlichen Aspekte ihrer geistigen und menschlichen Lehre nicht nur zu erkennen, sondern sie jeden Tag aufs Neue in das eigene Leben hineinzunehmen und im persönlichen Handeln und Miteinander aktiv umzusetzen.

Dr. Mechthild Borries-Knopp
Berlin

Gute zwischenmenschliche Beziehungen und Vertrauen

Vor langer Zeit lebte ein weiser Mann, der eine Goldmine besaß. Er hatte einen sehr ehrlichen Angestellten, dem er die gesamte Verwaltung der Mine anvertraute. Wenn jedoch das Gold von einem Ort zum anderen transportiert wurde, beobachtete dies der Eigentümer beständig und folgte dem Transport. Der Angestellte fühlte sich unwohl und irritiert, weil sein Chef ihm zwar die Verwaltung der Mine übertragen hatte, aber während des Transportes immer persönlich anwesend war.

So fragte der Angestellte eines Tages den Eigentümer. »Warum vertrauen Sie mir nicht?« Der Eigentümer antwortete: »*Ich vertraue Ihnen, aber Sie vertrauen sich selbst nicht; deswegen folge ich Ihnen.* «

Der Sinn liegt darin, dass du dich nicht beklagen solltest, wenn andere dir nicht vertrauen. Anstatt anderen Vorwürfe zu machen, erkenne dich selbst, wer du bist und was du bist, so dass du dir selbst trauen kannst. Wenn du dir selbst vertraust, werden dir andere vertrauen; dann gibt es keine Zweifel und kein Misstrauen. Ein solcher klarer Geist ist nicht nur dein eigener Geist; er ist eins mit dem Geist des anderen.

Wer Achtung und Liebe von anderen bekommen möchte, sollte nicht über die Fehler von anderen sprechen und sie nicht kritisieren. Wer sich über das »Richtig« und »Falsch« der anderen beklagt und über sie richtet, ist besonders gefangen von Richtig und Falsch.

Wer zu viel redet, leidet ganz besonders in dieser Welt der Gegensätze. Ein solcher Mensch weiß nicht, was Glück ist, und ist außerdem selbst nicht glücklich. Sogar wenn eine wirklich gute Situation entsteht, weiß er sie nicht zu schätzen und ist niemals selbst glücklich.

Ein einziger verständnisvoller schöner Satz eines weisen Menschen führt andere auf den richtigen Weg und macht sie glücklich. Ein solcher Mensch wird von anderen geachtet und weiß, was Glück ist.

Besonders jene Menschen, die in einer sehr engen Beziehung zueinander stehen, sollten immer eine Sprache voller Achtung benutzen und respektvoll miteinander umgehen. Man neigt dazu, korrektes Reden und Handeln zu vernachlässigen, wenn man sich so nahe steht.

Wer sich selbst kennt und wirklich Unabhängigkeit erreicht hat, der lebt zusammen mit anderen, weiß andere zu schätzen, sie zu respektieren und ihnen zu helfen. Dieser Mensch ist wirklich frei.

Unabhängigkeit ist nicht die Trennung von anderen. Sie bedeutet, in der menschlichen Welt mit anderen zu leben, ohne sie leiden zu lassen, ohne sie zu stören und ihnen einzig hundertprozentig zu helfen. Dies ist der wirklich unabhängige und klare Mensch.

Wer sich von seiner Umgebung und von anderen absondert und sich allein an einem ruhigen Ort aufhalten will, ist noch von der Umgebung, den anderen und von der Stille abhängig. Dieser Mensch ist sehr egoistisch und besonders gefangen von der Welt der Gegensätze und seinem eigenen Ich.

Ganz gleich, wie schwierig die Situation auch ist, laufe nicht vor ihr davon. Meistere die schwierigen Situationen. Ganz gleich, wohin du gehst, es gibt immer dunkle Wolken am Himmel, und es gibt keinen Ort ohne Wind und Regen.

Bevor du andere kritisierst, schau auf dich selbst.

Bevor du andere beschuldigst, sieh dich selbst.

Wenn du andere glücklich machen kannst, ohne zu reden, dann bist du weder von der Unabhängigkeit noch von der Klarheit gefangen.

Wenn ein anderer einen Fehler macht, erkenne, dass das dein Fehler ist.

Wenn ein anderer glücklich ist, erkenne, dass das dein Glück ist.

Bevor du dich über den Fehler eines anderen beklagst, sieh zuerst deinen eigenen Fehler. Wenn du anderen wirklich helfen willst, dann stelle die Fehler des anderen nicht mit verletzenden Worten heraus; erreiche durch dein vorsichtiges Handeln, dass sie ihre Fehler erkennen.

Die Rede eines weisen Menschen wird zu einem wunderbaren Duft. Die Rede eines unklugen Menschen wird zur Nadel im Herzen der anderen.

Der sanfte Wind lässt den runden Mond heller werden und dieser leuchtende Mond scheint überall.

Wenn unserem Ego geschmeichelt wird, befriedigt uns das sehr.

Wenn unserem Ego nicht geschmeichelt wird, werden wir negativ.

Wer viel Ego hat, redet zu viel und ist gleichzeitig sehr negativ. Dieser Mensch möchte andere eher niedermachen, als sie zu loben.

Wenn du von allen diesen Dingen freikommen und friedlich leben willst, mache zuerst die Übungspraxis, um dein Ego zu beseitigen. Bei der ersten Methode versucht man, nicht über andere zu triumphieren und sie zu besiegen. Bei der zweiten, nicht über andere zu klagen. Bei der dritten Methode bemüht man sich, zu lernen, die anderen zu loben, und bei der vierten, wie andere zu achten sind.

Wenn du andere lobst und achtest, kommt jene Energie des Lobes und der Achtung zu dir zurück.

Wenn dich jemand hasst oder dich nicht mag, versuche nicht, diesen Menschen zu besiegen. Verneige dich stattdessen vor ihm. Wenn du dazu in der Lage bist, wird dein Übungsweg tiefer.

Durch deine Tat kann der andere seinen Fehler erkennen, und gleichzeitig bist du auch in der Lage, deinen Fehler zu begreifen.

Sich zu verneigen gibt anderen und dir selbst Raum. Sich zu verneigen ist die Schönheit, gute und schlechte Taten zum Ausgleich zu bringen. Ein solches Handeln liegt jenseits von Argumenten und Diskussionen.

Wenn du deinen Kopf senkst und dich verneigst, kannst du zehn verschiedene Dinge erreichen. Wenn du starrköpfig bist, verlierst du zehn verschiedene Dinge. Der Kopf, der gesenkt ist und sich verneigt, beseitigt das Ich, Mein, Mir und macht gleichzeitig andere glücklich. Dies ist die korrekte Funktion des wahren Ich.

Ein unkluger Mensch fühlt sich immer bedeutend, wenn jemand vor ihm den Kopf senkt und sich vor ihm verbeugt. Aber wenn sich jemand vor einem weisen Menschen verbeugt und den Kopf senkt, weiß dieser die Bescheidenheit und Aufrichtigkeit des anderen zu schätzen und verbeugt sich ebenfalls.

Wenn du fähig bist, deinen Kopf zu senken und dich zu verneigen, kannst du selbst schwierige Situationen bewältigen und Widerstände leicht überwinden. Aber wenn du starrköpfig bist, dann wirst du dich selbst verlieren und unter den Schwierigkeiten und Blockaden leiden.

Wenn du in der Karma-Welt bist, gibt es keine wahren Beziehungen, selbst wenn du einen Freund hast: Du findest deinen Freund immer in der Welt der Bedingungen, und wenn du keinen Gewinn für dich selbst hast, behandelst du ihn nicht als Freund. Du hast auch immer Angst davor, von deinem Freund benützt zu werden, und versteckst dich in einem dicken Schildkrötenpanzer. Deshalb ist es schwierig, wahre Freundschaft zu haben.

Aber wenn dein Karma langsam abgebaut wird, verschwinden dein Schildkrötenpanzer, deine Bedingungen und Erwartungen. Stattdessen denkst du stets darüber nach, wie du

deinem Freund mehr helfen und ihn glücklich machen
kannst. Du schätzt es auch sehr, einen Freund zu haben, dem
du helfen kannst und dass er deine Hilfe annimmt. Wenn du
dies tun kannst, gelingt es dir, ein geachtetes und reiches
Leben zu führen, ohne einsam zu sein.

Wenn jemand eine schlechte Tat begeht und dich enttäuscht,
weise ihn darauf hin und sprich dann nicht mehr darüber.
Und warte. Während du wartest, halte dich nicht daran fest,
was der andere Mensch tat; vergiss es.
Dies ist die Methode, andere dazu zu bringen, den korrekten Weg zu erkennen und ihn aufzuzeigen. Gleichzeitig
wirst du nicht durch die Handlungen der anderen gefangen.
Wenn du nicht von den enttäuschenden Handlungen der
anderen eingefangen wirst, hilft es dir, strahlend und klar
zu werden.

Den Schatten wegnehmen

Es gibt keine Bäume ohne Wurzeln. Aber wenn die Menschen
ihre Wurzeln nicht kennen, irren sie umher und leiden.
Die Wurzeln der Menschen sind ihre Eltern, Geschwister,
Meister oder Lehrer und Freunde. Daher erstens: Respektiere
deine Eltern und fühle dich ihnen zugehörig. Zweitens: Liebe
deine Brüder und Schwestern und sorge für sie. Drittens: Sei
deinem Meister oder Lehrer immer dankbar und viertens: Sei
mit deinen Freunden eng verbunden.
Wer dieses versteht und in Handlung umsetzt, wird von
anderen immer viel Liebe bekommen.

Wenn jemand Vertrauen in dich hat und sich dir ganz anvertraut, dann werde nicht arrogant, noch halte dich für wichtig, weil du diese Stellung und dieses Vertrauen erhältst. Du musst den Menschen, der dir diese Gelegenheit gab, respektieren, ihm dankbar sein, und seinen großen, wunderbaren Geist erkennen. Strenge dich an für den Menschen, der dir vertraut und dir eine Stellung gibt, und tue dein Bestes für ihn und mache ihn glücklich.

Das Gleiche gilt für Partnerbeziehungen. Wenn die Frau ihrem Mann und der Mann seiner Frau vertraut und sie sich alles geben, dürfen sie nicht überheblich werden. Die Frau sollte ihrem Mann, der ihr vertraut, dankbar sein und der Mann sollte seiner Frau, die ihm vertraut, dankbar sein. Sie müssen das gegenseitige Vertrauen, das sie füreinander haben, respektieren und danach streben, in den Verpflichtungen, die zwischen ihnen bestehen, das Beste zu geben. Dies ist der Weg, der zu einer glücklichen Beziehung ohne Ende führt.

Ein unkluger Mensch entwickelt immer unkluge Beziehungen und leidet an diesen.

Ein Mann, der viele Anhaftungen und Begierden hat, sieht zum Beispiel nur die Schönheit der äußeren Form einer bestimmten Frau und verliert sich darin. Er wird zu dieser Frau hingezogen und wünscht, dass sie ihn mag, aber die Frau ist ebenso unklug und sieht nur die äußere Form des Mannes. Weil er nicht so gut aussieht, wie sie es sich wünscht, mag sie ihn nicht. Sie weiß, dass er sie mag, und so will sie ihn nur benutzen. Sie spielt ihre Spiele mit ihm, erniedrigt ihn und behandelt ihn sehr schlecht. Weil sie ihn so behandelt, wird er nicht mehr von anderen Menschen respektiert und wegen seiner Begierde verliert er sein Ansehen. Weil andere ihn nicht respektieren, fühlt er sich selbst sehr schlecht.

Wer immer sich in einer solchen Lage befindet: Überwindet bitte eure Anhaftungen und Begierden so schnell wie möglich und folgt dem wahren Weg.

Ein Mann, der viele Begierden hat, weiß nicht, welche Frauen wirklich schön sind. Seid immer klar und klug und findet einen Partner, der euch wirklich achtet und dem ihr wahre Liebe geben könnt. Baut eine wahrhaftige Beziehung auf, und liebt euch wahrhaftig ohne Begierde. Dann werdet ihr von anderen sehr geachtet sein.

Der Mensch, der seine Begierde nicht beseitigt, wird ohne Ende leiden, sehr schlechtes Karma erzeugen und sich selbst und andere verletzen.

Wenn du deinen Partner wirklich lieben kannst, wirst du die wahre Schönheit entdecken, die sich hinter seiner äußeren Form befindet. Wenn du das entdecken kannst, wird deine Beziehung ewig dauern und mit dieser wunderbaren Liebe wirst du alle anderen glücklich machen.

PS: Diese Lehrrede gilt sowohl für Frauen als auch für Männer.

In den menschlichen Beziehungen auf dieser Welt ist der Mensch erfolgreich und glücklich, der

1. jemanden hat, den er liebt;
2. jemanden hat, der ihn liebt;
3. jemanden hat, den er versteht;
4. jemanden hat, der ihn versteht;

5. jemanden hat, der in der Lage ist, ihm zu helfen;
6. von jemandem Hilfe erhält und ihm gegenüber kein Gefühl der Verpflichtung empfindet;
7. jemanden hat, mit dem er 24 Stunden am Tag zusammen sein kann und sich dabei wohl fühlt, ohne bedrückt zu sein oder gestört zu werden.

Wer die aufgeführten sieben Dinge besitzt, ist in seinen menschlichen Beziehungen erfolgreich.

Wenn du nicht daran denkst, dass du oder andere da sind, und du dich dennoch konzentrieren kannst und deine täglichen Aufgaben hundertprozentig erfüllst und immer in der Lage bist, lächelnd mit anderen umzugehen, dann bist du der erfolgreichste Mensch auf dieser Welt.

In einer menschlichen Beziehung, die aus der Begierde entsteht, löst sich die Beziehung auf, wenn die Begierde erlischt. In einer menschlichen Beziehung, die aus der Wahrheit kommt, löst sich die Beziehung auf, wenn Begierde entsteht. Aber wenn es sich um eine wahre Beziehung handelt, entsteht sie aufs Neue, wenn die Begierde verschwindet.

Aber selbst in jener Beziehung, die aus Begierde entsteht, kann sogar die Begierde in Wahrheit umgewandelt werden, wenn die Partner während einer Beziehung zusammen die Wahrheit finden wollen, mit dieser Wahrheit anderen helfen möchten, ihre Absichten klar sind, sie sich anstrengen, diese zu verwirklichen, und sie die Übungspraxis machen. Dann wird ihre Beziehung zu einer wahren Beziehung, und sie können glücklich zusammenleben ohne Ende.

PS: Überlege, welche Art von Beziehung du hast. Kommt sie aus der Begierde oder aus der Wahrheit?

Je freundlicher du mit anderen in der menschlichen Beziehung bist, desto größer werden ihre Erwartungen. Daher beklagen sie sich, wenn du nicht freundlich zu ihnen bist, weil sie glauben, dass du nicht genügend für sie sorgst. Wenn du anderen zehnmal etwas Gutes tust und einmal nicht, dann beklagen sie sich wegen dieses einen Males. Die anderen zehnmal zählen nicht, sie beklagen sich nur über jenes eine Mal, als du ihnen nichts Gutes getan hast.

Wenn du daher eine Beziehung mit jemandem hast, übertreibe es nicht, und tue aber auch nicht weniger als notwendig. Versuche stets den Mittelweg zu gehen. Den Mittelweg gehen bedeutet, dass du nichts erwartest und dich über nichts beklagst. Strebe danach, deinen Geist von Erwartungen und Klagen frei zu machen. Dann kannst du alle Zeit reibungslose Beziehungen haben.

Je enger die Beziehung mit jemand anderem ist, desto mehr musst du ihn respektieren. Wenn ihr euch allzu nahe kommt, erzeugt ihr Konflikte, verliert den Respekt füreinander und erniedrigt euch gegenseitig.

Kinder sollten immer ihre Eltern respektieren, Eltern sollten immer ihre Kinder respektieren; ein Ehemann sollte immer seine Frau achten; eine Ehefrau sollte immer ihren Mann achten und enge Freunde sollten immer enge Freunde respektieren.

Wenn ihr in der Lage seid, euch gegenseitig zu achten, könnt ihr eure Pflicht korrekt erfüllen, euer persönliches Talent zur Blüte bringen und ein schönes und schätzenswertes Leben aufbauen.

Wer andere kontrollieren will, wird niemals von anderen geachtet werden. Andere zu achten bedeutet, sich selbst zu achten.

Wiederhole heute dreihundert Mal: »Ich werde andere achten.«

Hilf jemandem, aber denke nicht daran, dass du ihm hilfst.

Baue eine Beziehung auf, aber denke nicht daran, dass du diese Beziehung aufbaust.

Lehrt euch gegenseitig, wahres Glück zu erreichen.

Dann wird jeder von euch vom anderen weder Karma bekommen noch dem anderen Karma geben. Wenn ihr dies tut, werdet ihr einander beschützen, bis die Beziehung beendet ist. Ihr werdet die Verbindung angenehm gestalten, und ihr werdet einander helfen, wahres Glück zu erreichen und große Freiheit zu haben.

Dies ist eine sehr wichtige Lehrrede.

1. Gib ein Lächeln, aber gib nicht deinen Geist.
2. Gib deinen Geist, aber gib nicht dein Gefühl.
3. Gib dein Gefühl, aber denke nicht, dass die anderen dir gehören.
4. Du kannst denken, dass die anderen dir gehören, aber setze sie nicht herab.
5. Du kannst andere herabsetzen, aber denke nicht, dass sie niedriger sind als du.
6. Du kannst denken, dass die anderen niedriger sind als du selbst, aber denke, dass sie deine Lehrer sind, die dir helfen, dich selbst zu sehen.

7. Du kannst denken, dass die anderen deine Lehrer sind, die dir helfen, dich selbst zu sehen, aber respektiere, dass sie deine großen Meister sind, die dir helfen, selbst ein Buddha zu werden.
8. Du kannst respektieren, dass sie deine großen Meister sind, die dir helfen, selbst ein Buddha zu werden, aber vergiss nicht den Geist der tiefen Wertschätzung.
9. Dies sind acht Gebote, um ausgezeichnete Beziehungen zu anderen zu haben.

PS: Warum sind es 8 Gebote? Weil die Zahl 8 (∞) die Bedeutung von »Unendlichkeit« und »für immer verbunden« hat.

Wenn du einen Menschen hast, dem du wirklich alles erzählen kannst, ohne irgendwelche Geheimnisse zurückzuhalten, der dich ehrlich akzeptiert, ehrlich deine Fehler aufzeigt, schimpft, wenn du Fehler machst, und dich führt, so dass du dieselben Fehler nicht noch einmal machst, der dich beschützt und bei dem du dich wirklich wohl fühlst, dann kannst du sagen, dass du der glücklichste Mensch auf der Welt bist.
Ein ehrliches Schimpfen ist besser als ein süßliches Kompliment.

Einem Pferd, das nicht durstig ist, kannst du zeigen, wo das Wasser ist, aber du kannst es nicht zwingen, zu trinken.
Manchmal ist es schwierig für einen Menschen, mit anderen in Beziehung zu treten, selbst wenn er viel Wissen und

Können hat. Es ist auch manchmal schwierig für die anderen, sein Wissen und Können zu verstehen und anzunehmen.
Deshalb versuche, dein Wissen und Können anderen gegenüber nicht zu sehr zur Schau zu stellen. Zeig den anderen immer das, was ihrem Stand entspricht, und das, was sie aufnehmen können, und sei nicht enttäuscht, wenn sie dir nicht folgen.
Wenn du anderen wirklich dein Wissen und Können zeigen willst, finde die Weisheit, die jenseits von Wissen und Können ist. Diese Weisheit wird stets von allen Menschen gebraucht, ob sie durstig sind oder nicht, und gibt jedem Glück, weil diese Weisheit in Wirklichkeit große Liebe und großes Mitgefühl ist.
Wissen und Können ohne Mitgefühl verunsichert nur die anderen, die es hören.

Wenn du einen wichtigen Plan hast, klammere dich nicht an ihn. Bevor du ihn in die Tat umsetzt, prüfe den Plan noch einmal. Wird es ein Erfolg oder ein Fehlschlag?
Wenn du zum Beispiel am Anfang dachtest, dass dieser Plan erfolgreich sein würde, dir jedoch bei der Überprüfung Zweifel daran kommen, dann kläre, ob er nur deinen eigenen Begierden oder eigenen Zwecken dient. Dient dieser Plan anderen Menschen, dann wird er anderen Nutzen bringen und sie glücklich machen.
Wenn du das erkennst, denke nicht weiter nach, ob er erfolgreich sein oder fehlschlagen wird. Setze ihn ohne Zögern in die Tat um.

Der Raum des ganzen Universums ist weit und groß. Aber der Raum des menschlichen Geistes wird heutzutage kleiner und kleiner. Die Menschen wollen nicht zuhören oder die Ideen der anderen verstehen. Sie wollen nur ihre eigene Meinung zeigen und dass andere ihnen sagen, dass sie allein Recht haben. Wenn andere ihnen nicht zuhören, werden sie wütend, und von ihren Lippen kommt der unangenehme Geruch der schlechten Rede. Und jene Rede bewirkt, dass andere sich schlecht fühlen.

Dies kommt von der Anhaftung der Menschen am Leben und an ihr unbeständiges tägliches Leben. Ihr Geist der Anhaftung am Leben entsteht daher, weil sie nicht wissen, was das wahre Ich ist, und ihr unbeständiges Leben entsteht daher, weil sie dem Karma-Ich folgen.

Wir machen unsere Übungspraxis, weil wir unser wahres Ich finden wollen, so dass wir unser Karma-Ich auf das wahre Ich zurückführen können. Während du also die Übungspraxis machst und ein schlechtes Gefühl wegen der anderen hast, erinnere dich an diese Lehrrede. Vermeide, dass du dich schlecht fühlst, und klage andere nicht an. Selbst wenn die Reden und Taten anderer lächerlich sind, versuche ihnen zuzuhören und sie zu verstehen. Wenn du danach strebst, dieses zu tun, wird es dir gut gehen, und deine wohltuenden und entspannten Taten werden helfen, die Wut und den engen Raum anderer zu beseitigen, und gleichzeitig werdet ihr euch gegenseitig glücklich machen.

Was ist der freudigste und glücklichste Augenblick deines Tages?

Wenn du deinem Geliebten begegnest?

Wenn du Geld bekommst?

Wenn du von anderen beachtet wirst?

Wenn du köstliches Essen zu dir nimmst?

Wenn du sehr friedlich schläfst?

Wenn du die obigen Dinge hast, bist du in jenen Augenblicken glücklich. Aber so sehr du über sie glücklich bist, so sehr musst du die Folgen auf dich nehmen. *Deshalb bist du zuerst glücklich, aber dann tauchen Sorgen auf, und jene Dinge geben dir daher kein klares und angenehmes Gefühl.*

Aber es gibt während des Tages Augenblicke, in denen du vollkommen glücklich und zufrieden sein kannst, ohne dafür die Folgen zu tragen und ohne dich zu sorgen. Dies sind die Augenblicke, wenn:

1. Du andere glücklich machst;
2. du anderen helfen kannst;
3. andere glücklich sind.

Das sind die freudigsten und glücklichsten Augenblicke des Tages, und sie haben keine Nebenwirkungen.

Wenn du dein wahres Ich findest und mit ihm eins wirst, sonderst du dich niemals von anderen ab. Obwohl du alles klar weißt, besprichst du dann immer die Dinge mit anderen, respektierst ihre Meinungen und dann handelst du. Dies ist der Weg, um dein Ego zu vermeiden und zu beseitigen, und nicht mit deinem eigenen Ego in Konflikt zu kommen.

Obwohl du ein Buddha wirst und alles weißt, solltest du dich auch stets auf Buddha und das Dharma verlassen und die ganze Zeit mit Buddha leben. Dann kannst du Buddhas korrekte Aufgabe und Pflicht erfüllen.

Was du weißt, ist, was du nicht weißt, und was du nicht weißt, ist, was du weißt. Wenn du nicht gefangen wirst von dem, was du weißt und was du nicht weißt, dann kannst du anderen korrekt helfen.

Wenn du heute jemandem helfen möchtest, hilf ihm nicht auffällig vor seinen Augen. Hilf diesem Menschen lieber, ohne dass er es sieht. Das bedeutet, wenn du anderen hilfst, zeige ihnen nicht, dass du hilfst. So findet man korrekte Wege, anderen zu helfen, und so findet man wahre Weisheit. Wenn du anderen in auffälliger Weise hilfst, wird dein Ego größer. Aber wenn du anderen in unauffälliger Weise hilfst, wird deine Demut größer. Wenn deine Demut größer wird, ist das der Weg, dein Karma zu beseitigen.

Wenn es daher jemanden gibt, dem du helfen möchtest, denke gründlich darüber nach, wie du ihm helfen kannst. In jenem Augenblick, in dem du darüber nachdenkst, wie anderen zu helfen ist, wandelt sich deine Unwissenheit in Weisheit, und jene Weisheit findet Kraft, wie du sie vorher nicht einmal gekannt hast. In jener Kraft findest du dein wahres Ich, und dein wahres Ich bewirkt, dass du verstehst, warum du anderen nicht auffällig, sondern unauffällig helfen musst.

Wahre Liebe und wahres Mitgefühl

Wir leben in der großen Liebe und dem großen Mitgefühl Buddhas (Absolutes, Wahrheit, Nichts). Aber wenn wir nicht erkennen, was diese große Liebe und dieses große Mitgefühl sind, verkümmert unsere Liebe, und wir können keine Liebe von anderen bekommen und sind sehr einsam.

Wenn du Buddhas große Liebe und großes Mitgefühl erkennen willst, musst du zuerst danach streben, andere zu lieben, ganz gleich, ob sie gut, schlecht, schwierig oder verblendet sind. Während du danach strebst, wird deine verkümmerte Liebe verschwinden und du wirst erkennen und erfassen, was Liebe ist.

Denke daran: Je weniger du die anderen magst, desto weniger magst du dich selbst. Aber wenn du andere liebst, öffnest du den Raum, um dich selbst zu lieben.

An dem klaren, hellen und leuchtenden Ort fließt das Glück über wie ein Wasserfall. Wie kann ich dieses Glück ausdrücken? Es kann nicht durch Worte oder Sprache getan werden. Werde an dem glücklichen Ort eins mit deinem Geliebten und sitze an dem glücklichen Ort immer zufrieden in diesem Geist und Körper.

Wo immer ich gehe, was immer ich tue und wem immer ich begegne, ich fühle mich stets unermesslich sicher. Wenn ich meinen Geliebten sehen will, sehe ich den Geliebten, der in meinem Geist ist; wenn ich sprechen will, spreche ich mit meinem Geliebten, der in meinem Geist ist. Dort gibt es keine Hindernisse und Blockaden und was strömt, ist nur Lächeln und Glück. Ich schätze wirklich die Liebe und das Zusammensein mit meinem Geliebten.

Alle Leiden und Schwierigkeiten, die ich bis jetzt hatte, sind entstanden und wurden von mir ertragen, um mit meinem Geliebten zusammenzukommen und ihn mehr zu schätzen. Ebenso wurde alle bisherige Übungspraxis deshalb gemacht, um mit meinem Geliebten vereint sein zu können.

Ich bin in meinem Geliebten und mein Geliebter ist in mir. Zwei werden eins und leuchten durch die ganze Welt. Alle Dunkelheit verschwindet aus den Tälern, von den Bergen und den Wiesen. Jeder ist glücklich und grüßt uns mit Liebe und Wertschätzung. An allen Orten erblühen Liebe und Glück wie Blumen, und der Duft der ganzen Welt ist so süß und voll.

Mmmmm!! Es duftet so gut!

(»Geliebter« bedeutet Buddha, die Wahrheit, Absolutes)

Liebesbrief

Dein starker Geist, der alle Schwierigkeiten erträgt, will mich nur glücklich machen. Dein vertrauensvoller Geist vertraut mir alles an. Dein sorgender Geist versucht, mich nicht einmal auch nur geringfügig leiden zu lassen, und dein ausdauernder Geist versucht, alles sanft zu machen.

Ich danke dir aufrichtig für deine tiefgründige, wunderschöne Liebe.

Dein schöner, großartiger und wunderbarer Geist bewegt mich und macht mich überaus glücklich. Dieser glückliche Geist verwandelt mich in einen großen Bodhisattva.

Heute und immerfort lasse ich auf meinem Gesicht ein glückliches Lächeln erscheinen, und das hilft den anderen ganz von selbst. Deshalb wird diese Welt zu einem mit Schönheit geschmückten Buddha-Land.

Ich liebe dich immer und ewig, und ich schätze aufrichtig deine wahre und große Liebe.

Ein unweiser Mensch möchte, dass ihm alles hundertmal erklärt wird, aber er versteht es trotzdem nicht. Ein weiser Mensch fragt einmal, erhält einmal eine Erklärung und versteht bereits. Ein erwachter Mensch versteht mit einem einzigen Augenblinzeln die Frage, die Antwort und alles.

Aber Buddhas und Bodhisattvas geben hundert Erklärungen demjenigen, der alles hundertmal erklärt haben möchte. Und demjenigen, der tausend Erklärungen möchte, geben sie tausend Erklärungen. *Aber wenn jener immer noch nichts versteht, auch wenn sie zehntausend Erklärungen geben, erklären es ihm Buddhas und Bodhisattvas mit Tränen des Mitgefühls.*

Der Geist, der nach Westen gehen will, wenn jemand sagt: »Geh nach Osten.« Der Geist, der etwas tun will, wenn jemand sagt: »Tu es nicht.« Der Geist, der stets mit anderen streiten will. Finde heraus, was dieser Geist ist und warum er so etwas tut.

Die Lebewesen gleichen einem weinenden Baby. Buddhas und Bodhisattvas gleichen einer Mutter, die das schreiende Baby beruhigt und alles geben will, was das Baby will.

Die Liebe von Ehefrauen, Ehemännern, Freunden und Freundinnen ist genauso wie ein warmer und schützender Mantel mitten im Winter. Bei dieser Liebe fühlst du dich sicher und entspannt, ganz gleich, wo du gehst.

Aber verblendete und unweise Menschen halten immer an ihren Bedingungen und ihrem Ich, Mein, Mir fest. Deshalb ziehen sie diesen Liebes-Mantel aus. Außerdem tauschen sie ständig den einen Mantel durch einen anderen aus und schwächen dadurch ihren Körper sehr, der diesen Mantel trägt. Es ist, als ob sie nackt werden und im Winter leiden.

Aber weise Menschen ändern den Mantel, so wie sie es möchten, selbst dann, wenn der Mantel ihnen nicht gut passt. Außerdem bessern sie den alten, abgetragenen Mantel wieder aus und wärmen und schützen sich.

Die Beziehung von Mann und Frau ist so: Dass sie zusammenkommen, ergibt sich aus der großartigen Verbindung, die sie haben. Vor allem Ehemänner und Ehefrauen: Zweifelt nicht an eurer Verbindung. Seid immer dankbar dafür und dass ihr zusammen seid. Ganz gleich, in welcher Lage ihr seid, umarmt euch stets, seid harmonisch, erschafft wahre, große Liebe und lebt glücklich zusammen.

Die Zunge hat keinen Knochen. Aber ein unwissender Geist steckt in seine Zunge immer einen spitzen Knochen hinein. Jener spitze Knochen sticht furchtbar in die Herzen anderer und verletzt auch denjenigen Menschen sehr, der dies tat.

Gib stets Acht auf deine Rede. Das ist sehr wichtig. Seid vor allem in engen menschlichen Beziehungen mit dem vorsichtig, was ihr sagt, damit ihr euch nicht gegenseitig Leiden schafft. Sobald du schlecht redest, gehen diese Worte in das Bewusstsein des anderen Menschen und erzeugen Leiden, sowohl für ihn als auch für dich selbst.

In einem unwissenden und unklaren Geist steckt immer ein Dämon. Jener Dämon verursacht Leiden für dich selbst und für andere. Bevor du sprichst, entferne zuerst deinen Dämon und deine Unklarheit. Gib dann Acht darauf, was du sagst.

Vor allem Liebespaare: gebt Acht darauf, was ihr sagt; schlechtes Reden kann wahre Liebe und eine wahre Beziehung zerstören. Ehrliches Reden ist gut, doch prüfe und beobachte, ob du einen Dämon in dir hast, bevor du deinen Mund öffnest.

Dem wahren Partner zu begegnen und fähig zu sein, mit ihm eine wahre Liebe zu haben, entspricht dem guten Karma, das du in vielen vergangenen Leben durch die Übungspraxis aufgebaut hast. Die Liebe und die Beziehungen, für die du so lange und so hart gearbeitet hast, können durch einen einzigen Satz der bösen Rede zerstört werden, und das kann dazu führen, dass du den Rest deines Lebens sehr einsam verbringst.

Wer viel vom Geist des Dämons in sich hat, weiß nicht, was wahre Schönheit und wahre Gefühle der Liebe sind. Es ist, als ob seine Augen durch eine dicke Brille verdeckt sind.

Wenn du nicht klar bist, entferne den spitzen Knochen aus deiner Zunge.

Es ist wahres Gefühl, wenn du es nicht fühlst: Jener Augenblick ist einfach angenehm, und der Geist wird wie der eines Kindes. Das ist wahres Gefühl.

Liebe ist wahr, wenn du und ich eins werden und ich mich selbst vergesse. Wer an sich denkt, weiß noch nicht, was Liebe ist.

Wahre Liebe und wahre Schönheit sind Blüten, die auf einem alten, abgestorbenen Baum blühen.

Trotz Donner und Stürmen steht dieser Baum in seiner ganzen Herrlichkeit.

Eines Morgens jedoch blüht eine Blüte und macht andere glücklich.

Ausdauer und Übungspraxis sind der Weg Buddhas, gerade wie die Blüte, die auf dem alten abgestorbenen Baum blüht.

Bleibe bei der Übungspraxis, und alles wird erreicht werden.

Zweifle nicht an anderen. Zweifel erzeugt Angst, und sie kommt zu dem Menschen zurück, der am anderen zweifelt.

Vergrabe dich auch nicht im Zweifel an jenem Menschen, der fragwürdig gehandelt hat. Tritt einen Schritt von seiner Handlung zurück, vergib ihm und habe Mitleid mit ihm.

Dies kommt daher: Wenn jemand viel Karma hat, begeht er Handlungen, die für andere fragwürdig sind. Mache die Übungspraxis für diese Menschen, so dass sie es nicht mehr tun; gib sorgsam Acht auf sie, so dass sie wundervolle Menschen werden können.

Denke daran: Der Baum, der den Regen der Liebe voll empfängt, steht immer gerade, ist klar und wächst schön.

Aber der Baum, der den Regen der Liebe spärlich empfängt, wächst immer krumm, verkümmert und ist nicht schön.

Vorschau auf den Monat

Dies ist der Monat der Liebe. Öffne alles, was sich in den letzten elf Monaten in dir angestaut und verknotet hat, und lass Liebe hinein. Freue dich an dieser Liebe, so sehr du kannst. Liebe ohne Bedingungen. Entspanne dich. Sei glücklich.

Vergib demjenigen, der den Übenden stört und ihn leiden lässt. Denke nicht nur schlecht über den Menschen, der dich stört; finde den Grund, warum er das tut.

Wenn dich jemand in diesem Leben stört, bedeutet das, dass du die Schuld zurückzahlst, die du bei ihm vom letzten Leben hast. Um deine Schuld zurückzubezahlen, kämpfe nicht mit dem Menschen.

Als Erstes bereue, was du anderen gegenüber falsch gemacht hast, und mache die Übungspraxis für denjenigen, der dich gegenwärtig stört. Auf diese Weise erzeugt er kein neues Karma, das andere stört, indem er so weitermacht.

Der Mensch, der andere stört, fügt sich selbst Leiden zu. Hab Mitleid wegen dieser Unwissenheit und hilf, dass sie verschwindet, damit nicht noch mehr Leiden erzeugt wird. Vergiss nicht, für den Menschen, der dich stört, die Übungspraxis zu machen, und genauso für denjenigen, der dir hilft. Wenn du von anderen Hilfe erhältst, schuldest du ihnen dasselbe entsprechend. Sei ein vollkommen freier Mensch und hilf anderen, ohne dabei Schuld-Karma zu erzeugen; weder für dich selbst noch für die anderen.

Prüfe dich selbst, um zu sehen, ob du wirklich weißt, was Liebe ist. Kennst du nur die Liebe mit Bedingungen oder weißt du, was Liebe ohne Bedingungen ist?

Selbst wenn du ohne Bedingungen liebst, prüfe, ob es bei dir ein Hindernis gibt oder nicht.

Wenn du ein Hindernis hast, mache die Übungspraxis, um es zu beseitigen. Wenn du merkst, dass da kein Hindernis ist, bedeutet das, dass dein Übungsweg sich vertieft.

Wenn du jemanden hast, den du bedingungslos und ohne Hindernis liebst, ist das das größte Glück. Mit diesem Glück kannst du das Leben so gestalten, wie du es haben willst, und du kannst ein ungehindertes Leben führen.

Wenn du wirklich Liebe erlangst und weißt, was sie ist, *dann wirst du selbst zur Liebe.* Mit dieser Liebe kannst du anderen wirklich Liebe geben und sie lehren, was Liebe ist.

Shakyamuni Buddha fand zu sich selbst nach sechs Jahren asketischer Übungspraxis. Nachdem er sich selbst gefunden hatte, war er sehr glücklich und wollte dieses Glück nur für sich behalten. Darum wollte er ins Nirvana gehen.

Zu jenem Zeitpunkt erkannte er etwas Wichtiges: Er hatte nicht vollständig zu sich selbst gefunden, nicht hundertprozentig. Als er dies erkannte, verschwand sein glücklicher Geist. Plötzlich fühlte er sich beschämt, und er begann erneut, einundzwanzig Tage lang zu praktizieren. In jener Zeit fand er hundertprozentig zu sich selbst, und er erkannte, was noch fehlte.

Jenes Ding ist so kostbar, dass es unbezahlbar ist. Jener Schatz ist der Geist der Liebe und des Mitgefühls, der das wahre

Selbst und die Wurzel des ganzen Universums ist. Daher legte er zu jener Zeit vor sich selbst ein großes Gelübde ab: »Bis alle Lebewesen in dieser ganzen Welt befreit sind und diesen Ort Buddhas erreichen, werde ich geboren und wieder geboren werden, wieder und wieder. Während ich allen Lebewesen Hilfe bringe, will ich ihnen mit dem Geist der großen Liebe und des Mitgefühls helfen.«
Denke daran, alles entstammt dem Geist der großen Liebe und des großen Mitgefühls.

Wenn sich dein Übungsweg vertieft, vernachlässige nicht, deine Gelöbnisse einzuhalten. Wenn dein Übungsweg tiefer wird, werden auch die Dämonen stärker, und diese Dämonen sind deine eigenen Dämonen. Wenn sich der Übungsweg vertieft, wird man vielleicht verwirrt und denkt, dass man schon Buddha ist.
Zu jener Zeit will man nicht auf den Meister hören, der uns auf dem Buddha-Weg führt. Jener Mensch missachtet seine Gelöbnisse und seine Übungspraxis. Zu dieser Zeit muss man aufwachen und intensiv die Übungspraxis machen. Wenn man erneut ausdauernd übt, weiß man seinen Meister und die Gelöbnisse zu schätzen, die uns auf den korrekten Weg führen.
Auf diesem Weg und besonders an dem Tag, an dem man ein Buddha wird, liebt man seinen Meister und die Gelöbnisse; man wird andere lehren, ebenfalls ihren Meister zu schätzen und die Gelöbnisse zu halten. Dieser Mensch wird sogar denjenigen lieben, der seine Gelöbnisse bricht und seinen Meister hintergeht. Und er wird ausdauernd die Übungspraxis machen, um jenem Menschen zu helfen.
Dies ist große Liebe und großes Mitgefühl.

Während ich den hohen und breiten Berg vor mir
anschaue,
erscheint plötzlich dein Gesicht.
Wenn ich dein angespanntes und verschlossenes Gesicht
betrachte,
verwundet dies meinen Geist.
Auch dein lächelndes Gesicht, das von Ängsten, Unwissenheit und Unsicherheiten gezeichnet ist, macht meinen
Geist sehr traurig.
Ich bitte wiederholt Buddha, und ich bitte wiederholt den
Himmel, die Sonne, den Mond, die Berge, die Meere und
das Land, dir zu helfen und dich zu beschützen.
Nachdem ich verzweifelt wiederholt darum gebeten habe,
sehe ich dein Gesicht wieder, und ich sehe, dass es sich
langsam öffnet und dass Energie strömt. Es macht mich so
glücklich, dein offenes, lächelndes Gesicht zu sehen.
Sei bitte glücklich. Dein Glück ist mein Glück.
Und vergiss nicht, dass dieser Geist, der dich liebt,
unendlich ist.
Selbst wenn der Berg sich in Wasser und das Wasser sich
in den Berg verwandelt, wird dieser Geist dich unbegrenzt
lieben und sich nie verändern.

Schaue voller Mitgefühl auf alle Formen, die in dieser Welt
erscheinen.
Schaue voller Mitgefühl auf alle lebenden Formen in dieser
Welt.
Schaue voller Mitgefühl auf alle Formen, die in dieser geschäf-
tigen Welt um das Überleben kämpfen.

Wenn du in dieser Weise auf die Formen schaust, wird der Geist, der alles lieben kann, von selbst entstehen, und zwar unabhängig davon, ob es für dich gut oder schlecht ist oder ob es dir nützt oder nicht.

Nachdem du erkannt hast, was Liebe und Mitgefühl sind, verschwindet der wütende Geist, verschwindet der enttäuschte Geist und verschwindet der Geist, der andere anklagt. Jener Geist, der wütend war, gibt anderen dann Raum, macht es ihnen angenehm und hilft ihnen, ihre eigenen Fehler zu erkennen. Jener Geist, der enttäuscht war, versteht jetzt die anderen besser. Dann willst du nicht etwas tun, was die anderen nicht wollen, dass du es tust. Und weil dann jener Geist, der die anderen angeklagt hatte, möchte, dass sie besser werden als er selbst, beobachtet und beschützt er sie.
Du wirst vollkommen erkennen, dass alle Lebewesen du sind und dass du sie bist. Deshalb wirst du die anderen nicht wütend machen, du wirst sie nicht enttäuschen und sie nicht anklagen. Du wirst wissen, dass ihre Freude deine Freude ist.

Liebe kommt von dem Ort des Nichts. Das ganze Universum ist voll mit Liebe. Wenn du die Liebe nur durch Stimmungen kennst und du ihr Vorhandensein nur durch Stimmungen zu beweisen versuchst, bedeutet dies, dass du noch nicht weißt, was Liebe ist. Und falls du liebst, wenn du dich gut fühlst, und nicht liebst, wenn du dich schlecht fühlst, bedeutet dies, dass diese Liebe nur körperliche und karmische Liebe ist, nicht die wahre Liebe.

Der Mensch, der die Liebe jenseits von Form und Karma erlangt hat, weiß, was wahre Liebe ist, kann andere gleichwertig lieben und kann Liebe von anderen annehmen. Er kann wahres Mitgefühl erlangen, das alle Schwierigkeiten des Lebens der Lebewesen beseitigt und über das Leben der Lebewesen hinausgeht. Jener Mensch kann die absolute Liebe leben, kann mit jener Liebe wahre Schönheit erschaffen und kann jenen Ort wunderbar schmücken, wo immer er geht. Dies ist das wahre Bodhisattva-Leben.

Verwirklichung des Sozialen Buddhismus

Hoffe im Leben nicht nur auf Bequemlichkeit. Geschäftig wie eine Biene zu sein bedeutet wirkliches, lebendiges Leben.

Wenn du ein Leben voller Geschäftigkeit hast wie eine Biene, geht es dir gut.

Wenn du jedoch nichts zu tun hast, ist das ein Leben ohne Geschmack. Wenn du den Geschmack von guten und schlechten Dingen hast und du geschäftig bist wie eine Biene, ist das ein jugendliches Leben. Wenn es nichts mehr zu schmecken gibt, ist das das Ende des Lebens.

Habe daher keine Angst vor einem Leben, in dem du geschäftig bist wie eine Biene, und sei glücklich, wenn du ein geschäftiges Leben hast wie eine Biene.

Unser Weg der Übungspraxis besteht nicht nur darin, aus der Welt der Gegensätze in die Welt des Nirvana zu gehen. Aus der Welt der Gegensätze in die Welt des Nirvana zu gehen ist der Weg in die Welt des Nicht-Selbst. Diese Übungspraxis bewirkt, dass die Leiden und Anhaftungen in der Welt der Gegensätze beseitigt werden. Dieser Weg ist nur für die Rettung des eigenen Selbst.

Wenn du auf dem Weg der Rettung des Selbst erfolgreich wirst, musst du die Vergangenheit vollständig vergessen, als du in der Welt der Gegensätze warst.

Wenn du die Welt des Nirvana erlangst, musst du mit diesem strahlenden, klaren Geist sehr tief in die Welt der Gegensätze zurückkehren – wie die Spitze einer Nadel. Wenn du sehr tief in die Welt der Gegensätze zurückkehrst, kannst du wahrhaftig für den korrekten Weg praktizieren und den wahren Geschmack des Übungsweges finden.

Wenn du wieder in der Welt der Gegensätze praktizierst, dann wirst du wirklich dich selbst finden und wahrhaftig wissen, wer du bist. Gleichzeitig wird dieser Übungsweg andere von ihren Leiden befreien.

Dies ist der wahre Weg des Sozialen Buddhismus.

Wer anderen nicht vertraut, vertraut sich selbst nicht und ist ein Mensch, der viele Bedingungen hat. Solche Menschen wissen wegen ihrer Verblendung nicht, dass sie andere beeinträchtigen. Obgleich sie der wahren Beziehung begegnen und wahre Liebe empfangen, verlieren sie jene Beziehung und Liebe wegen ihres zweifelnden Geistes.

Der Mensch, der voller Zweifel ist, versteht nicht, was wahre Liebe ist. Wegen seines Zweifels lebt er niemals glücklich und fühlt sich nicht wohl. Zweifel ist ein Gift, das uns einsam macht und uns zu schrecklichem Leidens-Karma führt.

Vertrauen ist Glück. Durch Vertrauen wird immer klar, was korrekt und was inkorrekt ist. Im Vertrauen ohne Zweifel wird alles sehr klar.

Der Geist, der Vertrauen hat, ist Buddha-Geist. Jener Buddha überwindet die Dunkelheit, macht andere Menschen klar und führt sie auf den korrekten Weg. Vertrauen führt uns zu gutem Bodhisattva-Karma.

Zweifel ist weit von der Wahrheit entfernt.

Mahayana- und Hinayana-Buddhismus lehren, alle Anhaftungen und Begierden, die zum Leiden führen, abzuschneiden. Sie möchten, dass du all dies abschneidest, um Klarheit zu erlangen. Aus diesem Grund sagen sie, dass es nicht gut ist, einen Geliebten zu haben und man am besten allein bleibt.

Aber der Soziale Buddhismus ist anders. Wir haben keine Angst, uns Anhaftungen und Leiden auszusetzen, weil wir dadurch Ausdauer bekommen und die Anhaftungen und Leiden überwinden. Dann erlangen wir die Kraft, durch Schwierigkeiten zu gehen. Unsere Erfahrung ist unser großer Lehrer und unser Kapital, um andere zu lehren und ihnen zu helfen. Gleichzeitig schätzen wir wirklich unseren Partner. Denn wie könnten wir Erfahrungen mit jenen Anhaftungen und Schwierigkeiten sammeln, wenn nicht mit unseren Partnern? Auch überwinden wir die Schwierigkeiten, die wir in unserer Beziehung hatten, und schenken uns gegenseitig wahre unbegrenzte Liebe.

Wenn ein weiser Mensch einen schlechten Partner hat, wird er oder sie ein großer Philosoph. Wenn ein weiser Mensch einen guten Partner hat, wird er oder sie ein großer Bodhisattva.

Nachdem ihr die wahrhaftige Beziehung erlangt habt, sprecht miteinander. Dies wird eure wahrhaftige Beziehung für immer erhalten.

Wenn du zu einem Bienenstock gehst, trägst du eine spezielle Schutzkleidung, so dass du nicht von den Bienen gestochen wirst. Das soziale Leben ist genauso, als ob du zu einem

Bienenstock gehst. Aber ganz gleich, wie viel Schutzkleidung du trägst, du wirst gestochen, wenn ein winziges Loch vorhanden ist.

Derjenige jedoch, der die Bienen begreift, der weiß, wie er eins mit ihnen und ihr Freund wird, ist der Mensch, der ohne Schutzkleidung zum Bienenstock gehen und dort bleiben kann, ohne verletzt zu werden.

Ein Praktizierender zu sein bedeutet, ohne Schutzkleidung zum Bienenstock zu gehen, eins mit den Bienen und ihr Freund zu werden. Das ist der Grund, warum du die Übungspraxis machst. Danach wirst du wissen, wie du die Bienen lehren kannst, andere nicht zu stechen.

Das Licht erleuchtet meinen verkümmerten Geist. Das Licht wird zunehmend heller und bringt diesen verkümmerten Geist dazu, sich zu öffnen. Die Welt, die ich bis jetzt gesehen habe, verwandelt sich vollkommen. Was ist los?

Plötzlich wird die welke Blume neben mir wieder frisch, der Lärm der Autohupe draußen wird zur Melodie und die Stimme der Frau, die in der Küche viel Lärm macht, klingt wie ein schön gespieltes Klavierstück. Was ist passiert?

Bis jetzt stellte ich mir immer vor, wie das Paradies sein würde. Aber dies ist das Paradies!

Mein Geist ist voll Licht. Wo ist die Hölle? Was ist dieses Licht? Ahh! Dieses Licht gehört zum Absoluten, zur wahren Liebe.

Ich lege meine Lippen an das Weinglas und nehme einen Schluck. Welch ein Geschmack in meiner Kehle, er belebt mich! Ohne es zu merken, lächle ich.

Was ist der Unterschied zwischen diesem Lächeln und dem Lächeln des Mahakashapa, für das er vor mehr als 2.500

Jahren auf dem Geierberg (Yong San Berg) die Bestätigung der Erleuchtung erhielt? Wie unterscheiden sie sich? Lächle, lächle, lächle!

∼

Du nimmst dir oft vor, dass du ein Bodhisattva sein möchtest. Aber während du auf dem Bodhisattva-Weg bist, kannst du, wenn jemand dich verunsichert oder wütend macht, deinen täglichen Zeitplan nicht einhalten, und dein Leben wird verworren. Das macht es für dich schwieriger, auf dem Bodhisattva-Weg voranzugehen, und macht es schwer, Bodhisattva-Taten zu tun. Das bedeutet nicht, dass es schwierig ist, auf dem Bodhisattva-Weg zu gehen oder dass es schwierig ist, Bodhisattva-Taten zu vollbringen. Es bedeutet, dass dein Übungsweg noch nicht tief ist. Wenn du klar bist und wahrhaft Liebe und Mitgefühl erreichst, dann fühlst du dich nicht schlecht, selbst wenn jemand dich verunsichert oder deine Gefühle verletzt. Und wenn du das wahre Ich, das der ursprüngliche Ort von Liebe und Mitgefühl ist, erkennst, dann klagst du niemanden an, selbst wenn er dich verwirrt und deinen täglichen Zeitplan umwirft. Dies ist genauso, als wenn du deinen Raum sehr gut gesäubert hast, und dann kommt dein Kind herein und veranstaltet ein Durcheinander. Du wirst nicht wütend auf dein Kind, du säuberst den Raum wieder und du weißt zu schätzen, dass dein Kind bei dir ist.
Schätze andere, die dich veranlassen, deine Routine zu ändern, und die deinen Übungsweg testen. Wenn du wahrlich einhundertprozentig verstehst, was Wertschätzung ist, dann kann niemand dich hindern oder stören und du kannst ein korrektes Leben führen und wahre Bodhisattva-Taten tun.
Ein korrektes Leben ist ein Leben, in dem man Bodhisattva-Taten tut.

Mache immer nur eines.

Übe mit einer Methode.

Habe eine Liebesbeziehung nur mit einem Menschen.

Habe nur einen Meister.

In alten Zeiten gingen diejenigen Länder stets unter, die zwei Könige hatten. Mit einem König entstand immer ein blühendes Land.

Wenn du dich nicht einem widmen kannst, verlierst du dich selbst und das eine dazu.

Wenn du dich einem widmest, dann kannst du alles erreichen.

Wenn du beständig mit einer Methode übst, wirst du die Buddhaschaft verwirklichen.

Wenn du einen Menschen wahrhaft, tief und aufrichtig liebst, dann kannst du Liebe von vielen Menschen bekommen.

Wenn du voller Hingabe für einen Meister bist, dann kannst du deinen wahren Standort erlangen.

Selbst wenn du früher einen anderen Meister und eine andere Übungsmethode hattest, und selbst wenn du früher einen anderen Geliebten oder eine andere Geliebte hattest – versuche nicht, sie mit dem zu vergleichen, was du jetzt hast. Bereue nicht die Vergangenheit. Vergiss das Vergangene, und lege deine ganze *Hingabe hundertprozentig in das, was du jetzt hast.*

Von jetzt an widme dich nur einem. Dies ist der Weg, deine vergangenen Fehler zu korrigieren und die beste Methode, dein wahres Selbst zu finden und ein vollkommener, korrekter Mensch zu werden.

Ganz gleich, wie sehr du versuchst, dich zu reinigen, es ist schwierig, zufrieden zu sein. Je mehr du dich reinigst, desto mehr siehst du deine Fehler. Wenn du die Fehler siehst, die du gemacht hast, bedauerst du, dass du so unwissend warst und du möchtest klüger sein als damals.

Sei dann nicht voller Kummer; lass dich von deinem Kummer nicht gefangen nehmen. Voller Kummer zu sein verblendet dich noch mehr.

Anstatt voller Kummer zu sein, betrachte deinen Kummer als deinen Meister. Jener Geist, der den Kummer als seinen Meister ansehen kann, wird nicht mehr bereuen und wird dich auf einen tieferen Übungsweg führen. Jener Weg wird dich in eine strahlende und klare Zukunft führen.

Mache keinen Unterschied zwischen dem sozialen Leben und der spirituellen Übungspraxis. Wo immer du gehst, was immer du tust, bewahre stets den Geist der Übungspraxis.

Ganz gleich, wie schwierig die anderen sind, lass dich nicht von ihnen einfangen. Bewahre im Umgang mit anderen immer den Geist der Übungspraxis.

Selbst wenn du zu Anfang Hohn und Spott von anderen erfährst, bewahre einen unerschütterlichen Geist der Übungspraxis. Ganz gleich, wie schwierig die anderen sind, sie werden im Laufe der Zeit denjenigen folgen, die praktizieren. Dies liegt daran, dass alle Menschen den spirituellen Geist in sich haben, aber bisher noch keine Gelegenheit hatten, zu praktizieren.

Sowohl der Mensch, der Schwierigkeiten hat, am sozialen Leben teilzunehmen und deshalb in die Berge geht und ein Freund der Natur wird, als auch derjenige, der müde aus den Bergen in die menschliche Gesellschaft zurückkehrt, fühlt sich nicht wohl, wo immer er auch geht. Sie sind beide gefangen von den Schwierigkeiten und der Müdigkeit. Deshalb ist es schwer für sie, sich zu integrieren; wo sie auch gehen und was sie auch machen, sie halten nicht lange durch. Sie haben Schwierigkeiten, sich niederzulassen, sich zu entspannen, und sie ziehen stets das Leiden an.

Menschen, die die Übungspraxis machen, sollten die Schwierigkeiten im sozialen Leben und die Müdigkeit in den Bergen als ihre Freunde ansehen. Sie sollten wissen, wie sie sich am Leben freuen können, wo auch immer sie gehen. Sie sollten nicht gefangen sein von irgendeinem Ort, und sie sollten strahlend und klar bleiben. Dann werden sie wissen, wie sie ihre Pflichten und Aufgaben korrekt erfüllen können.

Dies ist der Weg der wahren Übungspraxis, und dies ist die korrekte Funktion der Übungspraxis.

Habe keine Angst vor schwierigen Dingen und prahle nicht, dass du die Dinge bewältigen kannst, die leicht zu tun sind.

In dieser Welt gibt es endlosen Kampf und Wettbewerb, um Dinge zu bekommen und zu besitzen. Wenn du Dinge bekommst und besitzt, bist du glücklich, und wenn nicht, bist du traurig. Wir sind in endlosem Leiden; darin leben wir und dann gehen wir. Der Kampf und Wettbewerb, um Dinge zu bekommen und zu besitzen, erzeugt starke Angst, ganz gleich, ob sie zu Hause oder in deinem sozialen Leben stattfinden.

Ein Praktizierender sollte aus dem Kampf und Wettbewerb, Dinge zu bekommen und zu besitzen, herauskommen. Um das zu tun, vergiss, was du willst, wenn du in einem Kampf oder in einer Wettbewerbssituation mit jemand anderem bist, und lass den anderen bekommen, was er haben möchte. In jenem Augenblick, in dem du den anderen haben lässt, was er will, scheint es, als ob du versagt hättest und dumm bist, aber das ist nicht wahr.

Lass den anderen bekommen, was er haben möchte, aber dann kümmere dich um deine Aufgaben, und tue deine Arbeit besser und ernsthafter, als du sie vorher getan hast. Dann wird im Laufe der Zeit ohne Kampf und Wettbewerb dasjenige von selbst zu dir kommen, was immer du haben willst, und dich selbst und andere glücklich machen.

Jener große, weite Geist, der andere das haben lässt, was sie haben wollen, hat die Kraft in sich, alles zu bekommen.

Wenn du viel denkst, wirst du träge.
Wenn du weniger denkst, wirst du fleißig.
Trägheit bewirkt, dass man ein gewöhnliches Lebewesen wird.
Fleiß bewirkt, dass man Buddha wird.
Welche Arbeit auch immer du heute zu erledigen hast, erledige sie heute.
Welche Arbeit auch immer du morgen erledigen musst, lass sie für morgen.
Bemühe dich zu vergessen, was du gestern getan hast.
Ein Tag ohne Denken ist ein Tag des Bodhisattvas.
Ein Tag mit viel Denken ist ein Tag des Karma-Ich.

Wenn du am Morgen aufstehst, lege das Programm für diesen Tag fest und:

1. Sieh, welche Arbeit du heute tun musst und welche Arbeit du morgen erledigen musst.
2. Die Arbeit, die du heute tun musst, tue heute, und die Arbeit, die du morgen erledigen musst, hebe für morgen auf.
3. Habe keine Angst, wenn du heute sehr viel Arbeit zu tun hast.
4. Tue deine Arbeit heute, aber tue sie mit einem entspannten Geist.
5. Prüfe nicht, ob deine Aufgabe eine gute oder eine schlechte Aufgabe ist.
6. Schätze stets die Arbeit, die dir gegeben ist.
7. Achte jeden als einen Buddha, wem auch immer du begegnest (ob du diese Menschen magst oder nicht).
8. Aber wenn dein Körper krank ist, ist es deine Aufgabe, hundertprozentig zu entspannen.

Dieses sind die Übungswege, um ein glückliches, gesundes, wohlhabendes und erfolgreiches Leben zu führen.

Denke daran, der heutige Tag ist sehr wichtig für dein Leben.

Überwindung des Leidens

Wenn du erkennst, was Buddha und Buddhas Welt sind, während du im Leiden lebst, dann siehst du das Leiden sehr klar und kannst Weisheit erlangen und die Methoden erlernen, wie du das Leiden überwinden kannst. Dann siehst du Leiden nicht als Leiden; du denkst, dass so das menschliche Leben ist. Dann bemühst du dich, mit diesem menschlichen Leben die Übungspraxis zu machen und korrekt und voller Wertschätzung zu leben.

Um Buddha und die Welt Buddhas kennen zu lernen, muss man unbedingtes Wollen und großes Vertrauen haben. Unbedingtes Wollen ist an dem gleichen Ort von Leben und Tod. Großes Vertrauen ist an dem Ort, von dem das Ich verschwunden ist.

Suchen in der dunklen Nacht

Leide nicht in der Dunkelheit, nur weil es dunkel ist, und gib deine Suche nicht auf. Wenn du in der Dunkelheit bist, richte deinen Geist ganz auf den Versuch, Buddha zu finden. Bewahre diesen Geist und mache die Übungspraxis. In jenem Augenblick verschwindet die Dunkelheit und plötzlich erscheint die strahlende Sonne. Dabei verschwindet die Dunkelheit vollständig. Entspanne dich vollkommen in der Wärme der strahlenden Sonne, und vergiss alle deine vergangenen Leiden. Mache die Übungspraxis und gehe an den Ort Buddhas. *Erkenne, dass du Dunkelheit und Helligkeit erzeugt hast. Werde Meister deiner Selbst, und lass dich nicht von Dunkelheit oder Helligkeit behindern. Lebe das Leben ohne Leiden.*

Nimm dich selbst deutlicher wahr, wenn du im Dunkeln bist. Nimm wahr, wann du im Hellen bist, warum du in dieser guten Lage bist und gestalte dein Leben so, wie du es willst.

Leiden des Körpers, Leiden des Geistes: Die Menschen können diese Leiden nicht bei sich behalten, und sie wollen die Leiden stets an andere weitergeben. Wer so handelt, weiß nicht, was Leiden ist, und darum erzeugt er Leiden bei anderen.

Weil dieser Mensch mit Leiden aufwächst und denkt, dass es richtig ist, zu leiden, gibt er das Leiden an andere weiter. Wenn aber jemand dieses Leiden nicht annehmen will, wird er sehr wütend. Dann wird er erkennen, was es mit dem Leiden auf sich hat, aber gleichzeitig wird er sich nicht bemühen, es zu beseitigen, und wird versuchen, noch tiefer hineinzugehen.

Dies ist geradeso wie bei Menschen, die sich davor fürchten, aus der dunklen Wolke herauszukommen; wenn sie den Sonnenschein sehen, haben sie Angst, und deshalb gehen sie noch tiefer in die Wolke hinein und sie denken, dass die Wolke die Wahrheit ist.

PS: Jeder denke ernsthaft über diesen Inhalt nach.

In den Sorgen lege die Sorgen ab.
In den Sorgen habe keine Angst vor Sorgen.
In den Sorgen mache die Sorgen zu deinen Freunden.
Dann zeigen dir die Sorgen, die zu deinen Freunden geworden sind, was Leben ist.

Du strengst dich an, um deinen Körper und Geist zur Ruhe zu bringen, trotzdem fühlst du dich ohne Grund schlecht, und obgleich du keine bestimmte Krankheit hast, ist dein Körper krank und leidet. Gehe während einer solchen Zeit zu einem Ort mit guter Energie. Wenn du dich wieder wohl fühlst, kannst du dorthin zurückkehren, wo du vorher warst. Dies ist auf die Naturenergie dieser Tage zurückzuführen, die nicht im Gleichgewicht ist.

Wenn ein Vogel krank ist, weiß er genau, in welche Richtung er fliegen sollte.

Wenn sein Körper sich nicht wohl fühlt, fliegt er nach Osten oder Süden und kehrt dann zu seinem eigenen Nest zurück. In jeder Jahreszeit finden die Vögel den Ort, wo sie sich wohl fühlen.

Wenn du in einer dringenden und wichtigen Situation bist, werde davon nicht gefangen oder aufgehalten, und verliere nicht deinen Raum und deine Zeit. Wenn du durch sie gefangen wirst und dich selbst verlierst, bereust du es hinterher.

Je dringender und wichtiger die Situation ist, in der du bist, desto mehr musst du einen Geist haben, der Raum und Zeit hat. Auf jene Weise kannst du dich sehr gut um deine Angelegenheiten kümmern, und nachdem du sie vollendet hast, wirst du keinerlei negative Nebenwirkungen haben.

Alles besteht und ist vollendet in Raum und Zeit. Wenn du Raum und Zeit frei nutzen kannst, existiert das wahre Ich, und jenes wahre Ich leuchtet und ist strahlend, wenn Raum und Zeit transzendiert werden.

Wenn du vor einer schwierigen Situation fliehst, kommt diese schwierige Situation wieder zurück. Wenn du eine schwierige Situation überwindest, kommt sie nicht zurück.

Wenn du eine schwierige Situation überwinden willst, schließe die anderen nicht aus. Schließe zuerst dein Ego aus, beuge dein Haupt und auch deinen Geist. Dann kannst du jede Schwierigkeit überwinden: *Genauso wie ein Baum sich biegt und von einem starken Wind nicht abgebrochen werden kann.*

Nachdem du eine schwierige Situation überwunden hast, fahre fort mit der Übungspraxis, um noch demütiger zu werden. Vergiss die schwierige Situation, die du hattest, und vergiss, was du wolltest. Wenn du dies tust, kannst du im Laufe der Zeit alles bekommen, was du wolltest.

Lasst uns nicht ein Leben mit Kopfschmerzen führen.

Lasst uns nicht ein Leben voller Leiden führen.

Gib anderen ein wenig Raum. Wenn du anderen ein wenig Raum gibst, bekommst du keine Kopfschmerzen, und du leidest nicht. Aber wenn du darauf beharrst, Recht zu haben, und wenn du auf deiner Intelligenz bestehst und versuchst, dem anderen seinen Raum streitig zu machen, dann bekommst du Kopfschmerzen, und du leidest.

Gebt einander deshalb ein wenig Raum. Dann werden du und die anderen glücklich sein.

Nimm nichts weg. *Gib!* Wenn du etwas wegnimmst, leidest du. Wenn du etwas gibst, wirst du glücklich.

Wir können sagen, dass das menschliche Leben interessant ist. Aber auf der anderen Seite können wir nicht wirklich sagen, dass es interessant ist.

Das Leben eines Menschen taucht in dieser Welt auf, und während er lebt, belastet er die anderen, bereitet anderen Schwierigkeiten und schuldet anderen viel. Dann überlässt jener Mensch seinen Körper wieder der Natur und verschwindet irgendwohin.

Erscheinen und Verschwinden, Kommen und Gehen und die endlose weite Reise menschlichen Lebens; ob sie interessant ist oder nicht – wenn man in diese Welt kommt, muss man leben, und wenn man aus dieser Welt gehen muss, muss man gehen. Deshalb musst du verstehen, dass Kommen, Gehen und Leben interessant sind. Aber alles Leiden, das entsteht, während man kommt, geht und existiert, ist nicht interessant.

Wir können aber sagen, dass die lange Reise selbst interessant ist. Jenes Interesse selbst ist das Ding, das wirklich spannend ist.

Wo existiert daher Leiden?

PS: Dies ist eine Puzzle-Lehrrede.

In den Bergen blühen die Blumen, im Ozean schwimmen die Fische, am Himmel ziehen Schäfchenwolken, und auf dem Land reifen viele Früchte und gedeiht viel Gemüse.

Diese Welt ist ein schöner Ort. Wir leben in dieser schönen Welt, warum haben wir also Schwierigkeiten und warum leiden wir? Der Grund ist, dass wir diese Welt nicht klar sehen. Das ist die Ursache.

Wenn du die Welt klar sehen willst, hafte nicht an der Farbe und der Form der Blume, die in den Bergen blüht. Unterscheide nicht zwischen den hohen und niedrigen Wellen, die die Fische erzeugen, wenn sie im Ozean schwimmen; kritisiere nicht die Schäfchenwolke am Himmel, weil sie hoch oder niedrig oder von den anderen getrennt dahinzieht, und klage nicht, dass die Früchte und das Gemüse, die auf dem Land wachsen, gelb oder grün sind oder es davon zu viel oder zu wenig gibt.

Dann kannst du die Welt klar sehen, und selbst wenn eine schwierige Situation auftaucht, kannst du mit ihr in einem friedlichen Geist umgehen. Dann verwandelt sich Leiden in Glück.

Der ursprüngliche Ort und das Wesen sind bei negativen Menschen und positiven Menschen gleich. Jener ursprüngliche Ort und jenes Wesen sind ein wahrer, strahlender, wirklich klarer Ort, der nicht verunreinigt wird. Es ist schwierig, dies durch Worte und Sprache auszudrücken; es ist ein so sauberer, reiner und schöner Ort.

Weil positive Menschen ein wenig über ihren ursprünglichen Ort und ihr Wesen wissen, handeln sie positiv, erzeugen positives Karma und das ist es, warum sie positive Menschen werden.

Weil negative Menschen noch nicht ihren ursprünglichen Ort und ihr Wesen kennen, verstehen sie es nicht, korrekt zu handeln oder korrektes Karma zu erzeugen, und deshalb werden sie negative Menschen.

Wenn du ein wenig Geduld und Ausdauer für jene Menschen hast, die negativ sind, und dich ihnen gegenüber so verhältst, als ob du positive Menschen vor dir hättest, werden sie sich im Laufe der Zeit zu positiven Menschen verändern. Obwohl es zuerst schwierig ist, sie zu durchdringen und du dabei sogar Probleme bekommen kannst, verändern sie sich im Laufe der Zeit zu positiven Menschen. Und sie können weit besser und vertrauenswürdiger sein als jene Menschen, die zunächst positiv waren.

Das Leben ist genauso wie eine lange Reise, auf der man hier einen kurzen, entspannten Aufenthalt macht und dann weiterfährt.
Aber wenn der Weg deiner Reise nicht klar ist, weißt du nicht, wohin du gehen sollst. Obwohl du dich hier entspannen solltest, bevor du weitergehst, kannst du es nicht, und wenn du dennoch woanders hingehst, weißt du nicht, in welche Richtung. Weil du dir darüber nicht im Klaren bist, kannst du die Zeiten nicht unterscheiden, selbst wenn du viele Male zum selben Weg zurückkommst, und du machst auch immer wieder die gleichen Fehler. Deshalb leidest du in den Wirren und kannst nicht einmal entspannen und dann wieder gehen.
Dieses Leben ist ein kurzer Aufenthalt, bei dem man entspannen soll, aber die Frage ist, wie man das Leben in Wertschätzung verbringt. Die Wege für die Wertschätzung sind:
1. Andere durch dich nicht leiden zu lassen.
2. Andere durch dich nicht zu beeinträchtigen.
3. Ein Mensch zu sein, den andere brauchen werden.
Dann kannst du dieses Leben in Wertschätzung verbringen, du kannst entspannen, und zur gleichen Zeit wird der Weg der Reise klar werden. Dann wirst du entdecken, wohin du gehen solltest, und wann immer du zurückkehrst, wirst du jedes Mal ein schätzenswertes neues Leben haben. Gleichzeitig wirst du ohne Anhaftungen kommen und gehen und dich an jedem Leben erfreuen, Leben für Leben.

Wenn du vollkommen den Wert erkennst, geboren zu sein, zu existieren und du dies schätzt, kannst du deine Bedingungen und unangenehmen Zustände beseitigen. Dann kannst du genauso jene Zustände verstehen, die dir Leiden verursachten, wie auch jene Menschen, die dich störten und dich auch leiden ließen. Nachdem du das verstanden hast, wird dir klar sein, warum du in jene Situationen gekommen und warum du mit jenen Menschen in Berührung gekommen bist.

Anstatt dann den Menschen Vorwürfe zu machen, die dich gestört und dir Leiden verursacht haben, wirst du Mitgefühl mit ihnen haben. Du wirst auch erkennen, wie unwissend du warst, andere zu beschuldigen und zu versuchen, aus deiner schwierigen Situation zu fliehen. Zu jener Zeit wirst du deine Unvollkommenheit erkennen, und du wirst dich mit aller Kraft anstrengen, dich selbst zu einem vollkommenen Menschen zu machen.

Da sind immer der blaue Himmel und die grünen Berge. Aber wer wird die Schönheit des blauen Himmels und der grünen Berge sehen, wenn dein Körper geht? Weil dein Körper hier ist, kannst du den blauen Himmel und die grünen Berge sehen und den Klang der singenden Vögel hören; was deinen Geist auf verschiedene Weise berührt.

Aber wenn dein Körper verschwindet, wer wird jene Dinge sehen und hören, und wessen Geist wird berührt sein?

Ahhh! Der Himmel ist blau, die Berge sind grün, die Vögel singen.

Ich danke dir sehr, zehntausendmal!

Gedichte, Parabeln und Koans

Deine strahlende und klare Erscheinung habe ich
allezeit vor mir.
Aber weil ich dich nur durch die Form anschauen will,
kann ich dich nicht sehen.
Wie also kann ich dich sehen?
Wenn ich die Form sehe, kann ich dich nicht erkennen,
weil diese Form mich traurig, wütend und enttäuscht
macht.
Daher kann ich dich umso weniger sehen.
Aber wenn jene Form nicht als Form, sondern als Buddha
gesehen wird, dann werde ich nicht von jener Form
gefangen.
Dann kann ich deine strahlende und klare Erscheinung
sehen und wahre absolute Liebe mit dir teilen.
Strahlendes und klares Du,
bitte vergib meine Unwissenheit,
lass mich bitte erwachen und klar bleiben,
so dass ich jeden Augenblick mit dir sein kann.

Wenn ich meine 84.000 Verblendungen, das Ego und die
fünf Begierden beseitige, finde ich schließlich mich selbst. In
diesem Augenblick sitze ich einfach hier und trinke Kaffee.
Ist der Geschmack des Kaffees, den ich getrunken habe,
während ich verblendet war, und der Geschmack des Kaffees,
nachdem ich mich selbst gefunden habe, gleich oder verschie-

den? Wenn du sagst »verschieden«, ist es nicht richtig, und wenn du sagst »gleich«, ist es ebenfalls nicht richtig.

Welche Aussage ist richtig?

KATZ!

Der Geruch und der Geschmack dieses Morgenkaffees sind wunderbar: Ich trinke in Buddha.

Hallo, Liebling! Bitte komm her und trinke eine Tasse Kaffee. Heute Morgen machen mich deine leuchtenden Augen strahlender. Dieser Ort ist tatsächlich der Himmel. Vielen herzlichen Dank!

Die Welt, die wir mit den Augen sehen, ist die dunkle Welt. Die Welt, die wir mit dem Geist sehen, ist die strahlende Welt.

Die Welt, die wir mit den Augen sehen, ist die Karma-Welt. Die Welt, die wir mit dem strahlenden Geist sehen, ist die Buddha-Welt.

Wenn der eigene Geist strahlend ist, sieht man Buddha; wenn der eigene Geist dunkel und unklar ist, sieht man die gewöhnlichen Lebewesen. Finde stets deine Geist-Laterne und sieh Buddha. Betrachte die Lebewesen mit dem Buddha-Auge und lebe ein korrektes menschliches Leben.

Ich will dir eine Koan-Frage stellen. Die Augen, durch die du jetzt schaust – sind sie die Augen Buddhas, oder sind sie die Augen eines gewöhnlichen Lebewesens? Wenn du antwortest: »Buddha-Augen«, ist das falsch. Wenn du antwortest: »Die Augen eines gewöhnlichen Lebewesens«, ist das auch falsch. Wie ist die richtige Antwort?

Auf diese Weise zu handeln – na und?

Auf jene Weise zu handeln – na und?

Die Berge der Alpen, der Löwe aus Stein, der ein Baby hat – na und?

Du musst nicht wissen, wie viele Löwenbabys der scharfsichtige Löwe in den Sumeru-Bergen hat. Wenn du es weißt – na und? Wenn du es nicht weißt – na und?

Aber wenn du wirklich wissen willst, wie der Steinlöwe ein Baby macht, *wenn du hineingehen kannst in die Höhle* des scharfsichtigen Löwen in den Sumeru-Bergen und seinem Löwenbaby Spielzeug schenkst, zu jener Zeit wirst du es wissen.

PS: Was bedeutet das? Besonders ältere Schüler sollten dieses Koan beantworten.

Gedicht

Die Luft ist erfüllt vom Rauschen der Wellen. Dieses Rauschen dringt an unser Ohr und ist so wunderbar. Blaue Wellen steigen und fallen; sie wissen nicht, wohin sie wandern.

Wirf diesen Körper in die Wellen, und reinige ihn von allem vergangenen, gegenwärtigen und zukünftigen Karma.

Biete alles meinem geliebten Schatz an, und lass uns gemeinsam gehen.

Frage nicht, wohin wir gehen. Auf dem Weg zusammen mit meinem Geliebten muss ich nicht wissen, wohin uns der Weg führt.

La, la, la!!!

Ein Schritt, zwei Schritte ...

Etwas kommt von Nichts.

Nichts erzeugt Etwas.

Wenn dieses Etwas zum Nichts zurückkehrt, wird dieses Etwas zum Nichts.

Was macht dieses Nichts dann? Beantworte dieses Koan!

Der Buddha sagte: »Der Körper geht, aber der Geist ist immer hier.«

Versuche dieses Koan zu beantworten: Wohin ging der Körper, der fortging, und wo ist der Geist?

Gedicht

Liebling, in deiner strahlenden, leuchtenden, behaglichen und kuscheligen Umarmung werde ich immer ein schönes Leben führen. Ich will dafür sorgen, dass meine Gedanken, Reden und Handlungen schön sind. Und inmitten deiner Umarmung werde ich jenen Ort strahlender und schöner machen.

Ich würde auch gern anderen helfen, dass sie jenen Ort nicht verunreinigen und dir kein Leid zufügen.

Und, Liebling, ich werde wirklich deine Umarmung sanfter, wärmer, strahlender und schöner machen.

Ah! Durch dich fühle ich mich so gut!

Kuss!!!

Gedicht zu Buddhas Geburtstag am 28. Mai 1993

Heute ist der Tag, an dem Buddha erschien.
Der Buddha kam in diese Welt, praktizierte, lehrte und ging
ins Nirvana.
Woher kam er?
Wohin ging er?
Woher er kam – Leerheit.
Wohin er ging – Leerheit.
Auch der Ort der Lehren und der Übungspraxis – Leerheit.
Dann:
Was ist das Ding, das kam?
Was ist das Ding, das übte und lehrte?
Was ist das Ding, das fortging?
Als der Buddha hier war, machte er nur sehr klar, dass es ein
Netz aus 84.000 Verblendungen gibt und dann ging er.
Verblendete Menschen ließen sich von dem Netz der 84.000
Verblendungen gefangen nehmen und leiden noch immer
daran, sogar heute. Bedauernswert. Es macht sehr wütend.
Ich habe 365 Tage darauf gewartet, dass der Buddha kommt.
Heute hörte ich, dass er kommt. So ging ich früh am Morgen
mit dem Netz der 84.000 Verblendungen zur Küste und
wartete darauf, dass Buddha käme. Er kam mit einem Lächeln
auf mich zu. Ich legte das Netz der 84.000 Verblendungen
über ihn und warf beides ins Meer.
Ohne eine Spur zu hinterlassen, verschwand jener Buddha.
Plötzlich erschien eine Lotusblume, die auf dem Ozean
schwamm, und machte die ganze Welt strahlend und leuchtend.
Heute ist das Lächeln des Buddha in der Lotusblume noch
strahlender und zufriedener als je zuvor.

Oh, lieber Buddha, herzlichen Glückwunsch zum 2.537. Geburtstag. Bitte nimm meine Niederwerfungen und die Lotusblumen-Laternen an, die ich dir darreiche. Es ist auffallend; heute Morgen leuchten die Lotusblumen-Laternen stärker als je zuvor.

Es war einmal ein sehr überheblicher Mann namens Son O Kong. Er war immer neidisch auf Buddhas Weisheit und versuchte ihn zu übertreffen. Er benutzte dazu die verschiedensten Methoden und ging überall umher, um einen Weg zu suchen, wie ihm dies gelingen könnte.

Eines Tages erstieg er schließlich den Gipfel eines hohen Berges. Er sprach zu sich selbst: »Ich bin nun auf diesem hohen Berg. Ich bin höher und größer als Buddha.« Er fühlte sich großartig und dachte, dass er Buddha übertroffen habe. Zu jener Zeit machte der Buddha eine Ruhepause. Plötzlich juckte sein rechter Daumen. Als er seine Augen öffnete, sah er Son O Kong darauf, der sich daran festhielt und ihn dabei kratzte. Buddha sagte: »Oh, oh, oh! Das ist sehr gefährlich. Du könntest fallen. Komm herunter von dort und *entspanne dich! Entspanne dich!*«

Plötzlich wurde Son O Kong bewusst, dass er nichts anderes tat, als in Buddhas Handfläche umherzugehen. Er fühlte sich sehr verlegen und bemerkte seinen Fehler, dass er überheblich war und versucht hatte, Buddha zu übertreffen.

Darum lege in diesem neuen Jahr deine Überheblichkeit, deine Wut und deinen Neid ab, überwinde die Mauer deines eigenen Karma und werde ein großer Buddha. Und wenn du jemanden wie Son O Kong triffst, habe Bedauern mit ihm und gib ihm große Liebe und Hilfe.

Überheblichkeit, Wut und Neid machen dich klein. Wenn du sie ablegst, wirst du ein großer Buddha.

Ein Hase lief auf dem Berg herum. Plötzlich spürte er, dass der ganze Berg erzitterte. Er war sehr überrascht und erschrocken und wusste nicht, was geschehen war. Dann sah er einen großen Tiger daherkommen.

Der Hase war sehr beeindruckt von der Stärke des Tigers und dessen Furcht erregendem Aussehen. Er wäre gern wie ein Tiger, ja, sogar noch größer. Als er nach Hause kam, erzählte er seiner Frau: »Heute ging ich auf den Berg. Ich sah einen Tiger und habe ihn besiegt.« Die Hasenfrau hatte ihre Zweifel daran, aber der Hasenmann blieb bei seiner Behauptung und sie versuchte, ihm Glauben zu schenken.

Während sie dieses Gespräch führten, hatten einige Ameisen zugehört und lachten den Hasen aus. Der Hase fragte: »Was bildet ihr euch ein? Warum lacht ihr mich aus?« Die Ameisen antworteten: »Gib doch nicht damit an, wie stark du bist. Warum beneidest du den Tiger um seine Stärke und schaust auf uns herab, weil wir klein sind? Wir werden dir zeigen, dass wir stärker sind als ein Tiger.«

Ein paar Tage später gerieten zwei Tiger in einen Zweikampf und einer wurde getötet. Da kamen alle Ameisen zusammen, schleppten den Tiger nach Hause und veranstalteten ein Festmahl. Der Hase sah dem zu und war sehr beeindruckt von der Tat der Ameisen und dem Geist und der Kraft ihrer Zusammenarbeit.

Die Kraft und der Geist des Strebens überschreiten Du und Ich und werden zu einem einzigen Geist. Jener eine Geist kann alles bewegen und alles erreichen.

Der Hase war so sehr beeindruckt und er schämte sich, dass er so egoistisch und arrogant gewesen war.

Wir Menschen leben in der Liebe und im Mitgefühl, aber wir begreifen nicht, was Liebe und Mitgefühl sind; der Grund dafür ist, dass wir Schwierigkeiten haben, korrekt zu handeln und unsere Pflichten zu erfüllen. Aber sobald du Liebe und Mitgefühl begreifst, kannst du deine korrekten Aufgaben und Pflichten erfüllen, bist du frei und nicht von deinem Karma gefangen; du kannst ein freies, unabhängiges Leben führen.

Unser Körper und unser Geist sind aus der Liebe und dem Mitgefühl erschaffen, und wenn unsere Körper und unser Geist daher die Liebe und das Mitgefühl erlangen, werden sie eins mit der Liebe und dem Mitgefühl. Sie können Liebe und Mitgefühl an andere geben und ihnen helfen, zu erkennen, was Liebe und Mitgefühl sind. Was ist Liebe und Mitgefühl? Ich werde es dir sagen, wenn die Steinvogel-Mutter, die im Süden lebt, nach Norden fliegt, um ihr Steinvogel-Baby zu füttern. Zu jener Zeit werde ich es dir sagen.

PS: Was ist die Bedeutung des obigen Koans?

Der Weg ist überall. Was ist der wahre Weg?

Vor langer Zeit fragte jemand den Meister: »Was ist der Weg?« Der Meister antwortete: »Wolken sind am Himmel, Wasser ist in der Wasserflasche.« Was bedeutet das?

Der Weg ist überall.

Vergiss nicht, deine Stellung zu bewahren. Der Meister bewahrt zum Beispiel die Stellung des Meisters, der Schüler die Stellung des Schülers, der Ehemann die Stellung des Ehemannes, die Ehefrau die Stellung der Ehefrau. Bewahre immer deine richtige Stellung und gib aufrichtig dein Bestes.

Jener Weg ist sehr sanft und ist der Weg des Buddha. Aber es gibt Umstände, in denen der Lehrer ein Schüler und der Schüler ein Meister sein kann; der Ehemann kann Ehefrau und die Ehefrau kann Ehemann sein. Was bedeutet das? Denke über die Bedeutung nach.

Und was ist die Bedeutung von »Der Weg ist › Wolken sind am Himmel, Wasser ist in der Wasserflasche‹ «? Finde diese beiden Antworten.

Vor langer Zeit lebte ein junger Mann, der gehört hatte, dass es einen berühmten Meister gäbe, und so machte er sich auf eine lange Reise, um ihn zu suchen. Schließlich fand er den Tempel, wo sich der Meister aufhielt.

Zu jener Zeit arbeitete der Meister mit seinen Schülern auf den Feldern, und daher dachte der junge Mann, dass der Meister einer der Arbeiter sei. Er trat an den Meister heran und fragte: »Ich suche den berühmten Meister. Weißt du, wo er ist?« Als Antwort auf seine Frage sagte der Meister: »In diesem Beet wachsen Kartoffeln und in jenem Beet wachsen Karotten.« Als er dies hörte, fühlte sich der junge Mann verspottet. Er wurde wütend und antwortete dem Meister: »Warum gibst du mir eine derartig lächerliche Antwort? Ich fragte dich, wo der Meister ist.« Der Meister fing an zu lachen, »Hahahaha«, und sagte: »Es tut mir Leid, dass ich dir auf deine Frage eine solch lächerliche Antwort gegeben habe. Unter den Leuten dort gibt es jemanden, der dir helfen kann. Geh und finde dort den Meister.«

Dann ging der junge Mann dorthin, um die Gruppe zu fragen, obwohl er sich verspottet fühlte. Er trat an einen heran und fragte: »Wo ist der Meister? Ich habe den alten Mann dort drüben gefragt, und er sagte mir nur, › in diesem Beet wachsen Kartoffeln und in jenem Beet wachsen Karotten‹, und danach sagte er mir, ich solle euch alle fragen. So antwortet mir bitte, wo ist der Meister?« Derjenige, den er gefragt hatte, lächelte und sagte: »Du hast schon eine großartige Lehre vom Meister erhalten, aber du verstehst die Bedeutung nicht, wie kann ich dir da helfen?«

Der junge Mann fühlte sich beschämt, dass er den Meister und dessen großartige Lehre nicht erkannt hatte und dass er wütend auf ihn geworden war. Aber er hatte eine große Frage: »Warum sagte der Meister als Antwort auf meine Frage, wo der Meister sei, › in diesem Beet wachsen Kartoffeln und in jenem Beet wachsen Karotten‹? Und warum sagte er danach, der Meister sei in der Gruppe zu finden?« Er war wie vor den Kopf geschlagen.

Meine Frage ist daher heute: Wenn du der junge Mann wärest, was würdest du sagen, ist die Bedeutung von »in diesem Beet wachsen Kartoffeln und in jenem Beet wachsen Karotten«, und was, würdest du sagen, ist die Bedeutung von »Finde den Meister in der Gruppe«?

Die Übungspraxis im Alltag und die Verwirklichung des Bodhisattva-Weges

Zum 25. Dezember

Vor mehr als 2500 Jahren erschien Shakyamuni Buddha, um alle Lebewesen zu retten.

Vor fast 2000 Jahren erschien Jesus Christus, um alle Lebewesen zu retten.

Ihre großen Absichten, ihre Liebe und ihr Mitgefühl sind an die Lebewesen bis zum heutigen Tage überliefert worden. Weil sie ihre Erkenntnis und Wahrheit mit den Lebewesen verbunden haben, sind ihre Lehren bis heute weitergegeben worden.

Aber weil die Augen der unklaren Lebewesen durch Gut und Böse, Richtig und Falsch gefangen waren, unterscheiden die Lebewesen bis heute und denken: »Buddhas Lehre ist gut« oder » Christi Lehre ist gut« oder »Buddhas Lehre ist falsch« oder »Christi Lehre ist falsch«. Durch ihre Unterscheidungen beschmutzen die Lebewesen sich selbst und verwirren sich gründlich.

Ihr Übenden, unterscheidet und urteilt nicht. Schätzt nur ihre großen Absichten. Wenn du daher den Buddha siehst, schätze den Buddha, und wenn du Jesus Christus siehst, schätze Jesus Christus. *Und praktiziere energisch, um dich strahlend und klar zu machen, so dass du weder von dem einen noch dem anderen gefangen wirst.* Habe nur die große Absicht, selbst so schnell wie möglich Buddha zu werden, und mache dich auf den Weg, alle Lebewesen zu retten.

71

Lasse deine Füße Schritt für Schritt nur in diese Richtung gehen.

Frohe Weihnachten!

~

Wahres Bodhisattva-Handeln und wahrer Bodhisattva-Geist sind Handeln ohne Bedingungen und Geist ohne Bedingungen. Wirf dein Selbst weg, wirf deine Bedingungen weg und handle nur für andere.

Das ist genauso, als wenn du versuchst, ein weinendes Baby zu beruhigen. Dein Geist möchte nur eines: dem Baby das geben, was es haben will. Da du den Geist hast, es dem Baby so angenehm wie möglich zu machen, vergisst du deine Müdigkeit, vergisst du deine Schmerzen, vergisst du alle deine Bedingungen und möchtest nur, dass das Baby aufhört zu weinen.

Wenn das Baby endlich friedlich schläft, dann entspannst du dich. Du siehst das Gesicht des schlafenden Babys, und dein Geist fühlt sich sehr wohl und glücklich.

Wer diesen Bodhisattva-Geist und dieses Bodhisattva-Handeln in seinem Zuhause, in seinem sozialen Leben und Gruppenleben verwirklichen kann, ist bereits auf dem Buddha-Pfad und auf seinem Weg, selbst ein Buddha zu werden.

Wirf deine eigenen Bedingungen fort und wünsche nur, andere ohne Bedingungen glücklich zu machen. Jenes Handeln ist wahres menschliches Handeln, und jener Geist ist der Geist, den die Menschen haben sollten. Wer so ist, hat bereits sein eigenes Karma beseitigt und ist frei.

Ich werde diese menschliche Form, die zerfallen und vergehen wird, voller Wertschätzung für andere einsetzen. Ich werde diesen Geist, der verschwinden wird, einsetzen, um andere glücklich zu machen, und ich werde ihn jeden Tag auf schöne Weise einsetzen.

Wenn der Weg, dem du folgst, klar ist, verschwinden alle Hindernisse, Blockaden und Dämonen. Aber wenn der Weg, dem du folgst, nicht klar ist, tauchen viele Hindernisse, Blockaden und Dämonen auf. Was ist dann der korrekte Weg, dem man folgen soll?

Das ist der Weg der Übungspraxis.

Der Weg der Übungspraxis ist der Weg, der das eigene Karma beseitigt und auf dem man das eigene wahre Selbst findet. Dieser Weg scheint manchmal sehr schwierig zu sein, weil du das Karma beseitigst, das du vorher erzeugt hast.

Während du diesem richtigen Weg folgst, wirst du korrekte menschliche Beziehungen haben, du wirst dich in allen Lebenssituationen richtig verhalten und ein korrektes Leben führen. Auch wirst du keine Angst haben, während du auf diesem Weg gehst. Ohne Angst wirst du immer sicher leben und dein Leben schätzen. Dieses korrekte Leben jeden Tag zu leben wird dich dazu führen, die Buddhaschaft zu erlangen. Das ist genauso, als wenn du in der dunklen Nacht gehst und das strahlende Licht sehen kannst, das irgendwo auf dich wartet. Weil du ganz klar weißt, dass es da ist, bist du voller Freude und Zufriedenheit, während du gehst. Gleichzeitig teilst du diese Freude mit anderen, stellst sie zufrieden und deine Schritte sind sehr leicht.

La, la, la!!!

Der Buddha sagte: »Geld zu verlieren bedeutet, dass du viele Dinge verloren hast, und einen Freund zu verlieren bedeutet, dass du sogar noch mehr verloren hast. Aber Vertrauen und Glauben zu verlieren bedeutet, dass du alles verloren hast.«

Der Geist des Vertrauens und Glaubens in Buddha und in das Absolute, der Geist des Vertrauens und Glaubens in das Mantra (Energieverbindung) und der Geist des Vertrauens und Glaubens in die Lehren, das ist der Geist, der dich dazu führt, dich selbst zu finden. Dich selbst zu finden bedeutet, dich vom Karma zu befreien und die Blockaden zu beseitigen. Wenn du daher kein Vertrauen und keinen Glauben hast, und wenn du die Übungspraxis nicht machst, kannst du deinen eigenen Buddha nicht finden oder sehen.

Vertraue nicht allein darauf, was du hörst und siehst.
Folge nicht den Handlungen der anderen.
In dieser Welt gibt es vieles, was uns verwirrt. Bevor du dem folgst, was du hörst und siehst, schaue zuerst in dich hinein. Hilft es dir, oder hindert es dich auf deinem Weg der Übungspraxis? Wenn es deinem Weg der Übungspraxis hilft, dann magst du folgen.
Wenn du nur dem Aktionismus anderer folgst, so bedeutet das, dass du dem Karma der anderen folgst. Erzeuge daher weder unnötiges Karma noch Leiden für dich selbst.
Die Zunge hat keinen Knochen, das ist wohl wahr. Aber die Menschen sollten sich mit ihrem Gelöbnis und ihrer Übungspraxis einen Knochen machen, und sie sollten fähig sein, sich selbst zu beobachten.

Dieses Ich existiert im freien Raum und bewegt sich zusammen mit der Zeit. Wenn dieses Ich nicht weiß, wie Raum und Zeit zu nutzen sind, verschwenden und beschmutzen wir sie, ohne sie zu schätzen, und bewirken, dass dieses Ich leidet.

Aber wenn dieses Ich weiß, wie man Raum und Zeit schätzt und nützt, dann verschwindet das Leiden dieses Ichs; Raum und Zeit helfen ihm dann dafür.

Wenn du die Methode kennen willst, wie man Raum und Zeit benutzt, musst du zuerst erkennen, dass wir in der Welt der Gegensätze leben. Daher müssen wir zuerst dieses Ich von der Welt der Gegensätze befreien. Das heißt: Wenn jemand einen Fehler macht oder wenn dich jemand verletzt, lass dich nicht von diesem Fehler einfangen, indem du ihn dafür kritisierst. Sieh dich sofort selbst und tue das, was du in diesem und im nächsten Augenblick zu tun hast.

So befreit man sich von der Welt der Gegensätze und bringt gleichzeitig die Fehler der anderen in Ordnung. Dies ist die korrekte Methode, wie man Raum und Zeit benutzt und wie man darin ununterbrochen und auf korrekte Art und Weise existiert.

Beklage dich nicht, wenn ein anderer nicht so ist wie du selbst.

Sei nicht glücklich, wenn ein anderer so ist wie du selbst.

Im Wald gibt es viele verschiedene Arten von Pflanzen und Bäumen. Diese Pflanzen und Bäume scheinen einander ähnlich zu sein, aber sie alle sind unterschiedlich. Mit den Menschen ist es genauso. In dieser Welt gibt es ca. fünf Milliarden Menschen, und alle scheinen ähnliche Persönlichkeiten zu haben, aber jeder ist verschieden. Dies ist die Welt der Form.

Mache die Übungspraxis, um die absolute klare Welt zu erlangen, die jenseits der Form ist. Wenn du sie erlangst, hindert dich nichts, weder Ähnlichkeit noch Unterschiede. Du wirst wissen, wie du klar siehst, jeden korrekt verstehst und wie du jeden Menschen lieben kannst. Dann kannst du ein gutes Leben leben ohne Ende.

Habe einen solchen Geist, dass du alles für andere tust und sie glücklich machst, wo auch immer du gehst und was immer du tust.

Dieser Geist beseitigt dein Karma und wird dich aus deiner Dunkelheit führen. Gleichzeitig dient diese Handlung dir selbst und ist der Weg, um dich selbst glücklich zu machen. Das Leben ist kurz, der Tod ist lang. Wenn du in diesem kurzen Leben nur für dich selbst lebst, wird dein Leben wegen deiner Habgier kürzer und dein Tod länger.

Der Mensch, der erfolgreich sein und ein glückliches und schönes Leben haben will, strengt sich stets an, in allem sein Bestes zu geben. Ein schönes Leben entsteht nicht durch Faulheit; es kommt von dem Streben, in allem sein Bestes zu geben.

In der Anstrengung liegt intensive Übungspraxis. Das Endergebnis der Anstrengung ist, ein Buddha zu werden. *Nachdem du ein Buddha wirst, strebe danach, alle Lebewesen zu retten. Dies ist die korrekte Aufgabe der Buddhaschaft.*

Für den praktizierenden Menschen gilt:

1. Strenge dich an, das eigene Karma zu beseitigen.
2. Während dein Karma beseitigt wird, strebe danach, selbst schön zu sein.
3. Strebe danach, andere glücklich zu machen.

Die Meister üben immer für ihre Schüler.
Die Schüler üben immer für ihren Meister.
Eine Ehefrau übt immer für ihren Ehemann.
Ein Ehemann übt immer für seine Ehefrau.
Eltern üben immer für ihre Kinder.
Kinder üben immer für ihre Eltern.
Freunde üben immer für ihre Freunde.
Liebende üben immer für ihre Geliebten.
Der übende Geist ist Buddha-Geist und Bodhisattva-Geist.
Wenn du Dinge für andere tust, wirst du klar und strahlend,
und dein Karma wird von selbst beseitigt. Wenn du mit
diesem strahlenden Geist für andere lebst, wird diese gegen-
wärtige Welt schön, und das Glück sprudelt wie ein Spring-
brunnen.

Es ist nicht schwer, dem Weg der Übungspraxis zu folgen
und den Weg einzuschlagen, der uns Buddha werden lässt.
Aber es ist schwer, sein Karma zu beseitigen, seine Meinungen loszuwerden und den Lehren zu folgen.
Der Weg der Übungspraxis ist sehr nahe, und der Tag, an
dem man ein Buddha wird, ist für denjenigen nicht fern, der
den Lehren zu folgen vermag.
Der Mensch, der bei den Lehren viele Unterscheidungen,
Meinungen und Urteile hat, muss intensiver üben. Er muss
jenen Geist erkennen, der in Gut und Schlecht unterteilt und
den Geist finden, der jenseits von dem ist, was unterscheidet.
Hat ein weiser Mensch einige Zweifel über eine Lehre, öffnet
er sich ihnen, übt und macht sich die Lehre zu Eigen. Er lehrt
dann andere auf Grund der Erfahrungen, die er vorher ge-

macht hat. Und nun schätzt der Schüler die Bedeutung der Lehre, die er vorher angezweifelt hatte, und erkennt darin die leuchtende Wahrheit. Er hat große Bewunderung für seinen Meister oder seine Meisterin, und er schätzt seine oder ihre Weisheit, die es ihm ermöglichte, das zu erkennen, was er vorher nicht wusste.

Denke daran: Je bitterer die Medizin, umso besser ist sie für den Körper. Der Meister wird klüger durch einen schwierigen und fragenden Schüler; und der Schüler wird klüger durch einen starken und konsequenten Meister.

Ein weiser Schüler schätzt stets die große Weisheit und Furchtlosigkeit seines starken und strengen Meisters. Dieser Schüler legt die Hände zusammen und beugt den Kopf in großer Achtung für seinen Meister.

PS: Mein Meister war einer der härtesten und strengsten Lehrer. Doch eines Tages wurde mir klar, dass hinter jener Strenge große Liebe und großes Mitgefühl waren. In dem Augenblick, als ich das entdeckte, erkannte und verwirklichte ich, was wahre Liebe ist.

Während der Übungspraxis haben Praktizierende erheblich stärkere Ängste als vorher. Angst kommt aus Unklarheit. Wenn du unklar bist, machst du viele Fehler und erkennst nicht, ob du richtig oder falsch handelst. Aber wenn du durch die Übungspraxis klar wirst, bist du in der Lage, deine Fehler zu sehen, und wenn du deine Fehler erkennst, hast du Angst. Wenn du Angst hast, lass dich nicht davon einfangen, sondern bemühe dich, deine Fehler in Ordnung zu bringen. Durch diese Anstrengung werden deine Fehler der Vergangenheit verschwinden, und du wirst in Zukunft nicht mehr dieselben Fehler machen. Während du deine Fehler in Ordnung bringst, wird deine Angst verschwinden, und dann kannst du an jedem Tag strahlend und vertrauensvoll leben.

Praktizieren bedeutet, sich über alles klar zu werden, was man getan hat, auch über die eigenen Fehler. Wenn die Übungspraxis tiefer wird, wirst du von allem frei werden.

Erinnere dich an deine vergangenen Schwierigkeiten, und sei zufrieden mit deiner gegenwärtigen Lage. Vergiss nicht, dass es in der Zukunft Glück geben wird. Praktizierender, betrachtest du die Vergangenheit, die Gegenwart und die Zukunft, kannst du sehen, dass im Laufe der Zeit das Leben besser und besser wird.

Die Zeit dessen, der die Übungspraxis macht, ist immer spannend. Nach und nach versteht man sich selbst und wird wissen, wie man sich einbringen kann. Wenn du weißt, wie du dich selbst einbringst, wirst du den Wert des Lebens erkennen. Wenn du den Wert des Lebens kennst, ist das tägliche Leben überaus spannend. Tag für Tag.

Wenn sich die Übungspraxis vertieft, wird der Übende einfach zu einem Spiegel: Seine Reden und Handlungen verändern sich entsprechend dem Karma und der Persönlichkeit des anderen, wem auch immer er begegnet.

In jenem Augenblick der Veränderung beschuldige dich nicht selbst für die Veränderung: Nimm wahr, wie du dich veränderst, verwende es als dein Lernmaterial und benutze es, um anderen zu helfen, ihre Negativität in Positives umzuwandeln. Hilf ihnen auf dem Weg, den Ort zu finden, wo es keine Veränderungen gibt.

Der Weg zu dem Ort, wo es keine Veränderungen gibt, ist der Weg zum wahren Ich. Führe andere zu diesem Weg, und übe für dich selbst, um nicht schmutzig oder von anderen behindert zu werden; so wie eine Lotusblume.

Jemand, der die Übungspraxis macht, sollte sich selbst von Zeit zu Zeit in Frage stellen.

Wenn du denkst, dass bei dir alles über jeden Zweifel erhaben ist, bedeutet dies, dass dein Ego größer wird.

Wenn du denkst, dass du dir nicht trauen kannst, dann leidest du.

Sich selbst von Zeit zu Zeit in Frage zu stellen bedeutet, dass man in sich hineinschaut. Indem du dich hinterfragst, organisierst du dich selbst.

Wenn es keine Zweifel und kein übertriebenes Selbstvertrauen gibt, während du dich selbst organisierst, dann wird dein wahres Ich korrekt leben, ohne zu leiden.

Gehe in die Höhle des Tigers und gib dem hungrigen Tigerbaby zu essen, aber werde nicht von seinen Eltern gebissen. Wenn du diese Art von Weisheit besitzt, kannst du dich selbst finden und anderen helfen.

Für jemanden, dessen Übungspraxis tief ist, wird diese Bedeutung zu einem Licht, das ihn führt.

Bewahre immer diesen hellen und klaren Ort und beseitige den Dämon, der im Geist ist; gehe nur zu dem Weg des Buddha.

Während du auf diesem Weg gehst, zögere nicht oder fürchte dich nicht vor Schwierigkeiten; gehe nur zu dem Weg des Buddha.

Fürchte dich nicht vor 84.000 Verblendungen; gehe immer zu dem Weg des Buddha.

Lass dich nicht einfangen vom süßen oder bitteren Geschmack; gehe immer zu dem Weg des Buddha.

Die Dauer dieses gegenwärtigen Lebens ist sehr kurz. Verschwende keine Zeit; gehe immer zu dem Weg des Buddha.

Unser wahres Leben ist ohne Ende; gehe immer zu dem Weg des Buddha.

Fühle dich wohl und entspanne dich auf Buddhas unendlichem goldenen Gras, bis du mit einem anderen Leben verbunden wirst: Dies ist der grenzenlose Weg des Glücks.

Das tägliche Leben ist sehr kompliziert und bereitet uns viele Kopfschmerzen. Aber wenn die Richtung unseres Weges klar ist, verläuft das Leben sehr gut und ohne Hindernisse, ganz gleich, wie viele Schwierigkeiten und Kopfschmerzen wir haben; besonders, wenn wir den Weg der Übungspraxis gehen.

Dieser Weg der Übungspraxis beseitigt stets Hindernisse und Blockaden. Aber wenn du den Weg der Gier und des Verlangens wählst, scheint es am Anfang zwar gut zu gehen, am Ende gibt es jedoch Schwierigkeiten. Der Weg der

Übungspraxis ist am Anfang schwierig, doch am Ende ist er klar und strahlend; du hast keine Hindernisse.

Die Menschen kommen in diese Welt, um die Wahrheit zu erlangen. Das ist der Sinn unseres Hierseins. Wir sind hier nicht nur für Brot und Butter. Es ist unsere Pflicht und Aufgabe, mit der Wahrheit jenseits der Form zu sein, so dass wir unbegrenzte Wahrheit und unbegrenztes Leben haben können. Deshalb sind wir hier.

Je mehr Schwierigkeiten und Kopfschmerzen du bekommst, desto mehr lass alles los, und konzentriere dich nur auf die Übungspraxis. Dann wird sich alles als sehr reibungslos und geordnet herausstellen.

Der blaue Drachen bekam den Diamanten, und der weiße Tiger erlangte unübertreffliche Weisheit. Weil sie alle Lebewesen retten und lehren, sind alle Lebewesen sehr glücklich und achten wahrhaftig den blauen Drachen und den weißen Tiger. Während der Zeit, in welcher der blaue Drache praktizierte, um den Diamanten zu bekommen und der weiße Tiger praktizierte, um die unübertreffliche Weisheit zu erlangen, überstanden sie viele Schwierigkeiten. Ihr Geist war in eine einzige Richtung gebündelt und wurde durch nichts erschüttert. Das ist der Grund, warum sie den Diamanten und die unübertreffliche Weisheit erlangten, absolut frei wurden und alle die Kräfte erlangten, um jeden glücklich zu machen.

Es ist dein gegenwärtiger Weg der Übungspraxis, dich und andere zu retten. Sei bei der Übungspraxis nicht gelangweilt, und vernachlässige sie niemals. Selbst wenn es langweilig oder schwierig erscheint, gehe immer in dieser einen Richtung weiter; fahre fort, bis du deinen eigenen Diamanten und deine eigene unübertreffliche Weisheit erlangt hast.

Wenn dein Ziel klar ist und allen dient, kannst du die Schwierigkeiten überwinden, ohne eine harte Zeit zu haben, was immer du tust und ganz gleich, wie schwer es auch zu erlangen sein mag. Du wirst erfolgreich sein und dieses Ziel erreichen.

Aber ein klares Ziel zu setzen ist nicht einfach. Ein klares Ziel kommt in Wirklichkeit aus dem strahlenden und klaren Geist, und jener strahlende und klare Geist ist nicht meiner und nicht deiner und ist insbesondere nicht der von irgendjemand anderen; er gehört jedem und jeder kam von dort.

Wenn du im strahlenden und klaren Geist ein Ziel setzt und dieses Ziel jedem dient, wird es jedem zu Gute kommen. Es wird jeden glücklich machen, wenn du weiter auf dem Weg gehst, um es zu erreichen.

Versuche daher, in dem strahlenden und klaren Geist dein Ziel zu finden.

Der Spiegel, der sehr gut geputzt wurde, ist so sauber, dass sich alles in ihm widerspiegelt. Wenn der Übungsweg sich vertieft, kann sich auch dein Leiden vertiefen, weil du alles sehen kannst, wenn deine Übungspraxis tiefer wird. Wenn du nicht von der Spiegelung gefangen wirst, kannst du das Leiden beseitigen. Aber wenn du von der Spiegelung eingefangen wirst, erzeugt das großes Leiden.

Wenn sich die Übungspraxis vertieft, lass dein Zentrum stark werden: Dann kannst du alles Leiden überwinden, und wenn dein starkes Zentrum ein »Nicht-Zentrum« wird, dann wird deine Wahrheit ohne jede Verunreinigung leuchten.

Wenn sich dein Übungsweg vertieft, werden deine Augen klarer und du kannst andere besser sehen. Du kannst sehen, welche Art von Energie sie haben usw. Zum Beispiel kannst du sehen, ob jemand negativ oder positiv ist.

Wenn du aber jemandem begegnest, der negativ ist, macht es die Situation und dich selbst ebenfalls negativ, obgleich du dies erkennst. Wenn du das weißt, mache deine Übungspraxis intensiver, so dass du nicht von der Negativität des anderen eingefangen wirst. Versuche diesem Menschen, der negativ ist, weder zu nah noch zu fern zu sein und erfülle deine Aufgaben.

Manchmal fragt man sich, woher das eigene Schicksal kommt. Unser Schicksal wird nicht von jemand anderem festgelegt; wir machen es selbst.

Wenn jemand im vorherigen Leben praktiziert hat, Klarheit besaß und viele gute Dinge für andere getan hat, dann wird jener Mensch im jetzigen Leben von anderen geachtet, und alles geht für ihn sehr leicht. Und wenn man in diesem Leben die Übungspraxis macht, viele gute Dinge für andere tut und dieses Buddha-Reich nicht verunreinigt, sondern es klar, strahlend und schön macht, dann wird man im weiteren Verlauf dieses Lebens und im nächsten Leben fortwährend gute Dinge für andere tun, wird von anderen geachtet und wird glücklich leben.

Aber selbst wenn man in diesem Leben praktiziert und viele gute Dinge für andere tut, mag es manchmal den Anschein haben, als ob die Dinge nicht gut laufen und festgefahren sind. Setze in dieser Zeit deine Übungspraxis intensiv fort;

dann werden sich die Blockaden lösen und die Dinge dir leicht von der Hand gehen. Wenn dies geschieht, ist es gerade so, als ob Buddha oder jemand gekommen ist und dir geholfen hat. Dann schätze jenen Buddha sehr, der dir geholfen hat, schätze die Übungspraxis und deinen Meister, der dir den Weg der Übungspraxis gezeigt hat. *Jener Geist der Wertschätzung* wird dich mehr beschützen und wird dich auf den Weg des Glücks führen, und es ist jener *Geist der Wertschätzung*, der dein Schicksal bestimmen wird.

Wenn du einen negativen Film oder ein negatives Fernsehstück siehst, das viel Leiden enthält, vergiss es so schnell wie möglich. Die Begründung ist, dass negative Geschichten, die Leiden enthalten, dir immer ein schlechtes Gefühl geben, das dein tägliches Leben beeinflusst und dir unnötiges Leiden bringt.

Darum sagte Shakyamuni Buddha, dass man während seiner Übungspraxis auswählen sollte, was man sieht oder hört oder wohin man geht. Wenn das, was man sieht oder hört oder wohin man geht, negativ ist, versuche es zu meiden und versuche auch zu vermeiden, mit negativen Leuten umzugehen.

Aber wenn du klar wirst, dann kannst du Negatives in Positives umwandeln, ganz gleich, was du siehst, hörst und wohin du gehst. Dann wird dich dieses Positive zur ungestörten Ruhe bringen und jeder wird sich dadurch wohl fühlen. Bis du also klar wirst, sei achtsam und vorsichtig mit dem, was du siehst und hörst und wohin du gehst.

Lass ganz locker.

Lege alles ab.

Schau den Himmel an und sieh das Meer an.

Betrachte dich selbst.

Komm aus dem Spinnennetz heraus.

Denk noch einmal darüber nach:

Welches ist der korrekte Weg?

Lass wieder locker.

Geh jetzt einen Schritt voran.

Lege es wieder ab.

Geh noch einen Schritt.

Jetzt kannst du den breiten Weg sehen.

Geh bequem Schritt für Schritt.

Eins, zwei, drei ...

Von jetzt an lass wieder locker und lege nichts ab. Geh weiter, bis du zufrieden bist.

Innere Freiheit und Erleuchtung

Warum blüht die Lotusblume absichtlich im schmutzigen, dreckigen Tümpel? Sie hat ihre Wurzeln an diesem schmutzigen Ort und erhebt sich dort aus dem Wasser. Um das zu können, muss sie durch viele Schwierigkeiten und Leiden gehen. Doch sie erträgt dies alles und überwindet die Schwierigkeiten. Und wenn sie sich aus dem Wasser erhebt, blüht sie voll Schönheit und macht den Geist der anderen glücklich und schön.

Mit den Menschen ist es das Gleiche. Wenn sie in dieser schwierigen Welt leben müssen und ihr Karma beseitigen, ist das nicht einfach. Aber wenn sie Ausdauer haben und inmitten der Schwierigkeiten üben, werden sie schließlich ihr wahres Selbst finden. Nachdem sie ihre Wahrheit gefunden haben, machen sie andere stets glücklich und bringen ihnen Freude. Dies ist der richtige Weg der Menschen; er ist genauso wie eine Lotusblume.

Der Buddha lehrte, Erleuchtung zu erlangen und anderen zu helfen. Reinige deinen Geist und Körper, während du darauf wartest, deinem Geliebten zu begegnen, nach dem du dich so sehr sehnst. Sobald du rein bist und du deinem Geliebten begegnest, werdet ihr euch glücklich machen. Wenn ein Paar glücklich ist, sind zehntausend Menschen glücklich.

Der Geist eines Erleuchteten hat immer viel Raum.

Der Geist eines nicht Erleuchteten hat keinen Raum.

Der Geist eines Erleuchteten kann sich wann und wo auch immer harmonisch in jede Situation einfügen. Im Umgang mit Kindern wird er ein Kind. Im Umgang mit Erwachsenen wird er ein Erwachsener. Im Umgang mit einem Heiligen wird er ein Heiliger. Wenn ein Erleuchteter einem schlechten Menschen begegnet, handelt er wie ein schlechter Mensch, aber verändert dabei den Geist jenes Menschen, so dass jener ein guter Mensch werden möge.

Erleuchtete Menschen sind genauso wie Wasser ohne Gefäß: Sie verweilen zunächst in einem Gefäß und passen sich dessen Form an, aber dann zerbrechen sie es und kehren zum ursprünglichen Wasser zurück. Aber ein nicht erleuchteter Mensch ist wie fauliges Wasser, das immer in demselben Gefäß steht.

Der Weg eines Erleuchteten ist es, die Dunkelheit aufzuheben und alles leuchten zu lassen. Der Weg eines nicht erleuchteten Menschen ist es, alles zu verdunkeln, ganz gleich, wo er auch geht.

Nicht erleuchtete Menschen können Erleuchtete nicht sehen, selbst wenn sie unmittelbar vor ihnen stehen. Nicht erleuchtete Menschen sind nur von ihrem eigenen Gefäß gefangen, sie wissen daher nicht, wie man andere sieht und achtet. Aber für Erleuchtete ist es ganz gleich, mit wem sie es zu tun haben; sie achten jeden und machen die Übungspraxis auch für die Nicht-Erleuchteten, damit diese erleuchtet werden.

Liebe Übende: Erkennt die Wahrheit so bald wie möglich, zerbrecht euer eigenes Gefäß und kommt heraus. Werdet wie ruhiges, weites Wasser und lebt ein korrektes Leben. Ganz gleich, welche Situation ihr antrefft, strömt ungehindert wie Wasser und tut eure korrekten menschlichen Pflichten.

Bevor die Blumen blühen, leiden sie unter Wind und Regen. Dann, eines Morgens, blühen diese Blumen unvermittelt auf, und Bienen und Schmetterlinge fliegen um sie herum. Alle Dunkelheit verschwindet, und wo diese schönen geöffneten Blumen stehen, ist es friedlich und wunderbar.

Übende haben eine sehr schwere Zeit, während sie ihre Übungspraxis machen. Aber dann, eines Morgens, erlangen sie Erleuchtung. Dann werden sie sehr geachtet von anderen, und mit dieser wahren Schönheit und Friedfertigkeit können sie anderen helfen.

Selbst während sie an dem ruhigen Ort bleiben, helfen sie anderen; ihre bloße Gegenwart unterstützt andere. Wenn sie einfach nur sitzen, helfen sie anderen, und wenn sie einfach ihrer normalen Beschäftigung nachgehen, helfen sie anderen. Die anderen müssen deshalb nur an den erleuchteten Menschen denken, um Hilfe zu erhalten.

Wo auch immer der erleuchtete Mensch geht, verschwindet die Dunkelheit und es wird strahlend. Dieses Strahlen erhellen die 84.000 Verblendungen der Lebewesen.

Sei nicht Gefangener deines Denkens.
Sei nicht Sklave deines Denkens.
Werde ein Meister deines Denkens.
Wenn du Gefangener deines Denkens bist, wirst du in deiner eigenen Illusion ertrinken, dich selbst verlieren und zur Marionette anderer werden. Wenn du ein Sklave deines Denkens wirst, weißt du nicht, was es mit diesen Leben auf sich hat, wer du bist oder was das wahre Ich ist, selbst wenn du ein ganzes Leben lebst.

Bis du ein Meister deines Denkens wirst, mache beständig die Übungspraxis. Und wenn du den Meister deines Denkens findest, wirf jenen Meister und das Denken fort; gehe einfach voran!

Indem du diesem Weg folgst, wirst du eins mit dem gesamten Universum, wirst du ein großer freier Mensch und erschaffst dir dein eigenes Denken und deinen eigenen Meister.

Es ist sehr spannend, die Erkenntnisse und die Erleuchtung früherer Meister zu betrachten.

Einige Meister sagten in ihrer Erleuchtung und Erkenntnis: »KATZ.« Auf jede Frage eines Schülers antworteten sie: »KATZ.«

Einige Meister schlugen in ihrer Erleuchtung und Erkenntnis mit dem Stock. Auf jede Frage eines Schülers antworteten sie mit einem Stockschlag.

Einige Meister hielten in ihrer Erleuchtung und Erkenntnis einen Finger hoch. Auf jede Frage eines Schülers hielten sie einen Finger hoch.

Einige Meister sagten in ihrer Erleuchtung und Erkenntnis: »MU.« Auf jede Frage eines Schülers antworteten sie mit »MU.«

Einige Meister sagten in ihrer Erleuchtung und Erkenntnis: »Berg ist leer, Wasser ist leer.« Auf jede Frage eines Schülers antworteten sie: »Berg ist leer, Wasser ist leer.«

Einige Meister sagten in ihrer Erleuchtung und Erkenntnis: »Berg ist Berg, Wasser ist Wasser.« Auf jede Frage eines Schülers antworteten sie: »Berg ist Berg, Wasser ist Wasser.«

Einige Meister sagten in ihrer Erleuchtung und Erkenntnis: »Der Berg ist grün, das Wasser fließt.« Auf jede Frage eines Schülers antworteten sie: »Der Berg ist grün, das Wasser fließt.«

Wie auch immer, ich lege alle meine Bedingungen und Schwierigkeiten des kleinen Ich in den weiten Raum des Geistes (Buddha, Absolutes). Mit der dunklen Wolke mache ich mir ein Kissen und lege mich nieder. Dann verschwinden die Bedingungen und Schwierigkeiten, das Kissen der dunklen Wolke verschwindet, und das Ich, das sich niedergelegt hatte, verschwindet ebenfalls.

Der Berg ist Berg und ist grün. Aber in dem Vogelnest im grünen Wald wartet der Jungvogel auf seine Mutter, dass sie ihm Futter bringt und schreit: »Chiep, chiep, chiep!!« *So wird aus dem Ich, das verschwunden ist, die Mutter des Vogels und sie bringt dem Jungvogel Futter.*

Das Wasser ist Wasser und fließt. Im fließenden Wasser schwimmen alle Fische hin und her und suchen nach Nahrung. *So wird aus dem Ich, das verschwunden ist, ein Fisch und führt die anderen Fische dorthin, wo die Nahrung ist.*

1. Genieße dein gegenwärtiges Leben jetzt.
2. Genieße deine gegenwärtige Situation jetzt.
3. Genieße deine gegenwärtige menschliche Beziehung jetzt, und unterscheide nicht zwischen Gut und Schlecht.
4. Schätze alles ohne Bedingungen und mit der Gewissheit, dass du der glücklichste Mensch auf der Welt bist.
5. Wiederhole jeden der folgenden Sätze 108-mal:
   »Ich bin glücklich.«
   »Ich bin zufrieden.«
   »Ich bin leuchtend.«

Sei wie eine Lotusblume, die ohne Worte im schmutzigen Wasser blüht und vergeht.

Das Siegel des Samadhi

Das Siegel des Samadhi bedeutet, deinen zerstreuten Geist zu beseitigen. Dann wird dein Geist sehr unschuldig und klar, und du denkst nicht einmal daran, dass dies dein Geist ist. Dann wirst du eins mit dem Nicht-Geist, gehst in die tiefe Ebene und entspannst den verblendeten Geist.

Zu dieser Zeit erscheint die strahlende Stufe des Samadhi und jener Geist, der das Samadhi erzeugt, kommt von der Stufe der Nicht-Stufe. Jene Stufe der Nicht-Stufe ist Buddhas strahlende Wahrheit. Dies zu verwirklichen ist das, was wir das wahre Siegel des Samadhi nennen.

Wenn du das wahre Siegel des Samadhi erlangst, kannst du die drei Gifte beseitigen (Gier, Hass, Verblendung), die von Augenblick zu Augenblick erscheinen. Dann kannst du die 84.000 Verblendungen beseitigen und du kannst diese 84.000 Verblendungen zu deinen Lehrern oder Schülern machen. Du kannst entspannen und die fünf Begierden ablegen (Begierde nach Essen, Ruhm, Schlaf, Sex und Geld). Dann kannst du deinen Körper korrekt von Augenblick zu Augenblick nutzen, und zugleich kannst du deinen Körper schützen und ein wahrhaftiges tägliches Leben führen.

PS: Eines Tages, wenn deine Übungspraxis sehr tief ist, wird dir das Siegel des Samadhi von selbst auf deinen Kopf gedrückt.
Hahaha!!!

Buddhas Ort ist im Ursprung strahlend und klar.

Aber das Staubkorn (im Koreanischen: teakkl) fiel dort nieder. Woher kam dieses Staubkorn? Hat nicht Buddhas strahlender und klarer Ort seinen Glanz und seine Klarheit verloren, weil ein Staubkorn dort niederfiel?

Shakyamuni Buddha und alle früheren Meister in den vergangenen 2.500 Jahren praktizierten sehr intensiv und erlitten viel, um herauszufinden, woher jenes teakkl kam, das Buddhas ursprünglichen strahlenden und klaren Ort verunreinigt hat. Wie traurig dies ist! Einige Meister gingen zehn oder zwanzig Jahre lang barfuß. Einige ließen für viele Jahre Läuse in ihren Kleidern. Andere hatten viele Jahre lang keinen Schlaf und wurden blind. Wie schrecklich, wie traurig!

Liebes teakkl, wegen deiner Gegenwart lässt du jeden leiden. Ich werde dich jetzt zu deinem ursprünglichen Ort, von dem du gekommen bist, zurückschicken und dafür sorgen, dass sich jeder wohl fühlt.

In Buddhas angenehmen Ort scheint hell der runde Mond, und Shakyamuni Buddha, alle Meister und die Staubkörner verschwinden, ohne eine Spur zu hinterlassen. Woher kam dann dieses teakkl?

Unter dem hellen Mond klingt heute und gerade in diesem Augenblick das Mantra, das wiederholt wird, kräftiger und klarer.

Na Mu Kwan Se Um Bo Sal
Na Mu So Ga Mo Ni Bul
Chong Gak Mio Poep Yon Hwa Kyong

Na Mu Kwan Se Um Bo Sal
Na Mu So Ga Mo Ni Bul
Chong Gak Mio Poep Yon Hwa Kyong

Na Mu Kwan Se Um Bo Sal
Na Mu So Ga Mo Ni Bul
Chong Gak Mio Poep Yon Hwa Kyong

PS: Dieses ist eine Erleuchtungs-Lehrrede. Lies sie wieder und wieder. Meditiere über sie und erfasse sie.

Es gibt nichts Spannenderes, als seine eigene Persönlichkeit in Ordnung zu bringen.
Wenn deine Persönlichkeit sich ändert, wandelt sich auch dein Leben.
Verwandle eine eckige Persönlichkeit in eine runde harmonische Persönlichkeit.
Verwandle eine engstirnige Persönlichkeit in eine großzügige Persönlichkeit.
Verwandle eine wütende Persönlichkeit in eine sanfte Persönlichkeit.
Verwandle eine rechthaberische Persönlichkeit in eine bescheidene Persönlichkeit.
Verwandle eine prahlerische Persönlichkeit in eine gelassene Persönlichkeit.
Verwandle eine argwöhnische Persönlichkeit in eine vertrauende Persönlichkeit.
Und verwandle eine melancholische Persönlichkeit in eine strahlende Persönlichkeit.
Während du so deine Persönlichkeit in Ordnung bringst, kannst du deine Veränderungen sehr klar sehen. *Es ist sehr spannend und eine große Freude, diese Veränderungen zu sehen.* Du wirst ein gründlicher und wahrhaftiger Mensch werden, und dies ist der Weg, sich selbst zu mögen. Jenes Selbst, das sich mag, weiß, wie es andere liebt, und das Selbst, das es versteht, andere zu lieben, wird unendlich glücklich sein mit dem Nicht-Ich.

Während du in der Dunkelheit bist, weißt du gar nichts: Deshalb gehen dir alle möglichen Gedanken durch den Kopf, du unternimmst die verschiedensten Aktivitäten und redest über alles Mögliche. Aber wenn die Sonne scheint, kommt das Denken, Reden und Handeln sehr genau zum Vorschein. Dann kannst du sehr klar sehen, was du alles gemacht hast, und gleichzeitig siehst du, wie unwissend du warst. Du fühlst dich überaus beschämt, dass du derartig unklar gedacht, gehandelt und gesprochen hast, als du in der Dunkelheit warst. Das kommt daher, dass man sich beschämt fühlt und bescheiden wird, wenn man klarer wird.

Die Scham und Bescheidenheit des eigenen Denkens, Handelns und Redens kommen stärker zum Leuchten, und dieses lässt andere strahlend werden.

Bewahre stets deinen Geist hell und klar und lass dich nirgendwo behindern. Halte deine Gelöbnisse ein und gehe unerschütterlich voran.

Der Weg, deine Gelöbnisse zu halten, ist der Weg, dich selbst glücklich und vollkommen zu machen. Wenn du deine Gelöbnisse nicht hältst, ist dies der Weg, dir selbst zu schaden. Der Weg, deine Gelöbnisse zu halten, ist der Weg, dich leuchtend zu machen und ein vollkommener Mensch zu werden.

In deinen Gelöbnissen wirst du Glück finden.

Deine Gelöbnisse zu erfüllen ist der Weg, deinen Diamanten zu finden.

Der Tag, an dem du deinen Diamanten findest, ist der Tag, an dem du Buddha werden wirst.

Der Tag, an dem der Diamant leuchtet, ist der Tag, an dem du fähig sein wirst, alle Lebewesen zu retten.

Der Tag, an dem du deinen Diamanten deinem Geliebten geben kannst, ist der Tag, an dem du unendlich glücklich sein wirst. Dies ist das wahre menschliche Glück. Wiederhole, und sage daher deine Gelöbnisse jeden Tag aufs Neue.

Shakyamuni Buddha fand die Wahrheit in der Stille. Und seine Erkenntnis in der Wahrheit ist, dass alle Lebewesen aus der Wahrheit kommen, in ihr leben und dass alle Lebewesen *eine Familie* sind. Als er das erkannte, verschwanden die drei Gifte und auch die 84.000 Verblendungen.

Die drei Gifte und die 84.000 Verblendungen entstehen aus dem menschlichen Körper und Geist. Deshalb benutzte Shakyamuni Buddha die drei Gifte, um diese ganze Familie (alle Lebewesen) zu schützen, und er benutzte 84.000 Verblendungen als Methode, um 84.000 Wege zu lehren, damit alle Lebewesen die Wahrheit erlangen können.

In diesem Monat müssen wir unserem Lehrer aller Lebewesen große Hochachtung entgegenbringen und ihm für seine große Erkenntnis, seine Lehren, seine große Liebe, sein Mitgefühl und für all das danken, was wir von ihm erhalten haben. Lass uns ihm wahrhaft danken und unsere beiden Hände für ihn im Hap-Chang zusammenlegen.

Wo immer du eine Statue von Buddha siehst – ganz gleich, ob groß oder klein –, erweise ihm immer so viel Achtung, als ob du Shakyamuni Buddha wirklich sehen würdest. Wenn du seine Statue anschaust, vergiss nicht, die Hände zum Hap-Chang zusammenzulegen.

PS: Die drei Gifte sind Gier, Hass und Verblendung.

Was ist die Bedeutung der Scheiße, die auf dem Kopf von Shakyamuni Buddha lag, als er seine Übungspraxis machte? Sie bedeutet, dass all die verschiedenen Angriffe und alles, was von außen kommt, keine Hindernisse darstellen und dass alle Dämonen, die von innen auftauchen, einer nach dem anderen beseitigt werden.

Mache keinen Unterschied zwischen innen und außen, sondern erschaffe nur Stille. Und lass kein Denken über den Schmutz der Scheiße aufkommen, sondern erkenne das Ding, das die Scheiße schmutzig macht. *Gehe dabei noch einen weiteren Schritt voran.*

Wenn du anderen hilfst und denkst, dass du ihnen hilfst und du dich ihnen gegenüber damit rühmst, dass du dies getan hast, ist der Wert deiner Hilfeleistung verloren. Aufgrund deiner Wichtigtuerei erhältst du eher Klagen als Wertschätzung von anderen.

Die Handlung, anderen ohne Prahlerei zu helfen und ohne etwas darüber zu sagen, ist schön, und diese Tat lässt uns leuchten.

Handlung ohne das Ich macht andere immer glücklich.

Handlung mit dem Ich (Ego) wird immer zum Stachel, der andere sticht, genauso wie dich selbst.

Zu Beginn der Übungspraxis gibt es viele Hoffnungen, viele Erwartungen, vieles zum Kennenlernen und viele Dinge zu tun. Diese Phase steckt voller Wünsche.

In der Mitte, wenn man bereits praktiziert, gibt es viele Schwierigkeiten. Es gibt keine Möglichkeiten, das zu tun, was man möchte, und die Erwartungen haben sich nicht erfüllt. Man ist oft enttäuscht. Sehr oft kommt wütender Geist hoch. Dann weiß man nicht mehr, warum es die Übungspraxis gibt, und bedauert vieles.

Es ist sehr schwierig, diese Stufe zu überwinden. Während man sie überwindet, verschwindet das Karma. Zur gleichen Zeit stellt sich mit dem Verschwinden des Karmas schließlich das Verständnis für den Sinn der Übungspraxis ein, und dann versteht man.

Am Ende dieser Phase, wenn geübt wurde, verschwinden alle Wünsche und Erwartungen und jeglicher Geist des Begehrens. Es gibt nichts, über das man wütend sein müsste, und es gibt keinen Grund, enttäuscht zu sein. Das Einzige ist: Wenn Traurigkeit da ist, wird man traurig; wenn Glück da ist, wird man glücklich; wenn Zufriedenheit da ist, wird man zufrieden. Doch man weiß nicht, wo man ist. Man weiß nicht, was man ist. Es ist genauso, als ob man sich die Frage stellt: »Wer bin ich? Was bin ich?«

Bringe alle Bemühungen und alle Fragen zu »Was bin ich?« in das tägliche Leben ein. Fahre einfach mit der Übungspraxis fort, und gib im täglichen Leben hundertprozentig dein Bestes. Tue dies einfach jeden Tag. Dann wirst du plötzlich eines Tages erleuchtet, während du frühstückst; oder du wirst erleuchtet, während du arbeitest oder die Sterne am Himmel betrachtest.

Es gibt ein altes asiatisches Sprichwort: »Wenn eine Frau heiratet und in das Haus ihrer Schwiegereltern zieht, darf sie drei Jahre lang nicht sprechen, drei Jahre lang nicht hören

und drei Jahre lang nicht sehen, um eine gute Schwiegertochter zu werden. Nach den neun Jahren wird sie dann eine wahre
Schwiegertochter und ein Mitglied der Familie sein.«
Dies bedeutet, dass du während der Übungspraxis diese
Empfindungen des Körpers überschreiten musst, wenn du
dich selbst finden willst, und zwar was du sagst, was du hörst
und was du siehst. Während du diese Entwicklung durch-
machst, hast du viele Leiden und Schwierigkeiten, aber mit
Geduld kannst du dein wahres Selbst finden. Mit diesem
wahren Selbst wirst du ein vollkommener befreiter Mensch.

PS: Dies gilt nicht nur für die Erleuchtung, sondern auch für
menschliche Beziehungen und Erfolg im Leben. Du brauchst
diese Entwicklung. Mit Geduld und mit Übungspraxis
kannst du alles vollenden, was du dir vornimmst.
Die neun Jahre sind sehr wichtig. Deshalb sagt man, dass sich
nach zehn Jahren das Wasser und der Berg verwandeln.

Wenn du die Übungspraxis machst, versuche dich auf eine
Sache zu konzentrieren. Wir haben als Übungspraxis die
Mantras, die Niederwerfungen, das Samadhi und die Koans.
Konzentriere dich mehr auf jene Übung, bei der du dich am
wohlsten fühlst.
Die meisten Menschen fanden in der Vergangenheit ihr
wahres Selbst durch die Übungspraxis der Mantras. Andere
fanden ihr wahres Selbst durch die Niederwerfungen, andere
durch das Samadhi, andere durch das Koan. Du musst alle
diese Übungen machen, aber konzentriere dich ganz auf die
eine, die dir besonders angenehm ist.
Heutzutage ist die Naturenergie sehr wenig im Gleichgewicht. Versuche deshalb die Übungspraxis zu finden, auf die

du dich hundertprozentig konzentrieren kannst, damit du nicht verwirrt wirst. Aber du musst deine tägliche Mantra-Aufgabe erfüllen, denn diese Übungspraxis beschützt dich vor der unausgeglichenen Naturenergie.

Bei meinen eigenen früheren Erkenntnissen fand ich die Wahrheit durch die Mantra-Übungen und erlangte die Kraft der absoluten Energie und die absolute Gestaltungskraft durch das Üben des Samadhi.

Buddha ist direkt vor deinen Augen, aber du kannst Buddha nicht sehen, weil du an jenen Buddha mittels deines eigenen Karma denkst. Dies rückt den Tag in weite Ferne, an dem du Buddha wirst.

Aber wenn die Übungspraxis sich vertieft, vermindert sich das Denken mehr und mehr und es scheint, als ob du dumm wirst. Dann kannst du Buddha direkt vor dir sehen, *und danach hast du ein gutes Leben in seinen Armen. Eines Tages ruft jemand plötzlich: »Hallo, Buddha!«, und ohne es zu bemerken, antwortest du: »Ja!«*

Wenn ich wissen möchte, was ich bin, muss ich zuerst die Begierden beseitigen, die durch meinen Körper entstehen. Wenn diese Begierden eine nach der anderen verschwinden, ist es dasselbe, als ob die Wolken verschwinden, die den Himmel verdüstern, eine nach der anderen. Dann wird mein Kopf, der schwer war, leichter. Dieser leichte Kopf bewirkt, dass Körper und Geist sich wohl fühlen, sie sind durch nichts behindert, und das Begehren, das ich hatte, wandelt und verändert sich in das Begehren, anderen zu helfen.

Das Glück der anderen ist mein Glück, und mit jenem wahren Glück ist mein Leben ohne Hindernisse, und ich lebe ein wahres glückliches Leben.

Wenn du auf andere wütend bist, wenn du andere nicht magst und wenn du anderen Vorwürfe machst, entfernst du dich weit vom Reich Buddhas und sonderst dich selbst von vielen Menschen ab.

Der Grund, warum viele Menschen auf andere wütend werden, andere nicht mögen und anderen Vorwürfe machen, ist der, dass sie ihr wahres Selbst nicht kennen. Aber obwohl sie dies noch nicht klar wissen, erkennen sie, dass ihr wahres Ich dem Reich Buddhas entstammt. Wenn jemand deshalb eine Buddha- und Bodhisattva-Handlung macht, folgen ihm andere und mögen und achten diesen Menschen. Wenn jemand wie ein gewöhnliches Lebewesen handelt, folgen ihm die anderen nicht, mögen und respektieren ihn nicht.

Wenn du stets gute Handlungen tust, wirst du ein Buddha und Bodhisattva, aber wenn du immer schlecht handelst, wirst du ein gewöhnliches Lebewesen. Du wirst daher entsprechend deiner Handlungen entweder ein Buddha oder ein gewöhnliches Lebewesen.

Aber hinter den Buddhas und den gewöhnlichen Lebewesen gibt es einen Nicht-Buddha, und das vollkommene Gesicht dieses Nicht-Buddhas ist immer voll Liebe und Mitgefühl und strahlt vollkommen.

PS: Dies ist eine Erleuchtungs-Lehrrede. Lies sie sorgfältig und erfasse den letzten Satz.

Selbst wenn du in einer schwierigen Lage bist, sei nicht enttäuscht, und wenn du in einer glücklichen Lage bist, verliere dich nicht selbst durch das Glück.

Schätze es von Zeit zu Zeit, dass du in dieser Welt bist und denke, dass du das menschliche Leben erfahren kannst, jedes Ding für sich, weit und tief.

Wenn es Hoch gibt, gibt es Tief und wenn es Weit gibt, gibt es Eng. Wenn du dies erkannt hast und du im Hoch bist, bist du nicht überheblich; wenn du im Tief bist, bist du nicht enttäuscht oder niedergeschlagen; wenn es Weite gibt, wirst du nicht bequem, und wenn es Enge gibt, wirst du nicht ungeduldig.

Wenn du so bist, wie kannst du dann verwirrt sein? Wenn du jenes Selbst, das nicht verwirrt ist, in die Stille bringst, kann es das wahre Ich sehen. Jenes wahre Ich strahlt von Zeit zu Zeit Weisheit aus, und jene leuchtende Weisheit bewahrt stets Gelassenheit, ohne irgendwo behindert zu sein; sie leuchtet immer.

Wenn du das Ende eines verknoteten Fadens findest und an ihm ziehst, entwirrt sich der ganze Faden. Aber wenn du kein Ende finden kannst, bleibt der ganze Faden verknotet und durcheinander.

Dieses eine Ende des verknoteten Fadens zu finden ist genauso, wie Erleuchtung und Erkenntnis zu erlangen. Wenn du Erleuchtung und Verwirklichung erlangst, werden alle deine Schwierigkeiten unerwartet einfach und der Vorgang, ein Problem nach dem anderen zu lösen, ist sehr interessant. Das Interesse ist so anregend, dass du es gegen nichts anderes eintauschen willst. In dieser Zeit schätzt du auch das Leben wirklich.

Erleuchtung und Erkenntnis zu erlangen ist die wichtigste Sache, die wir in dieser Welt tun können. Wir essen nicht nur und bleiben nicht allein deshalb am Leben, um zu existieren; wir essen und leben, um Erleuchtung und Erkenntnis zu erlangen. Das ist der Grund, warum wir praktizieren.

Wenn du einmal Erleuchtung und Erkenntnis erlangt hast, bist du Leben für Leben frei. Verschwende daher nicht täglich deine Energie an kleine Dinge; mache stets die Übungspraxis und lebe, um Erleuchtung und Erkenntnis zu erlangen. Wenn du wirklich einen starken Wunsch hast, Erleuchtung und Erkenntnis zu erlangen, wird dich jener Geist führen, sie zu erlangen.

Lasst uns daher heute essen, arbeiten und praktizieren, um Erleuchtung und Erkenntnis zu erlangen.

Was ist der Unterschied zwischen der Stille Buddhas und der Stille des gewöhnlichen Menschen? Die Stille selbst ist die gleiche, aber in der Stille Buddhas wachsen zehntausend Dinge und blühen die Blumen. Allerdings haben die Blumen, die in der Stille Buddhas blühen, keinen Duft.

In der Stille des gewöhnlichen Menschen kann nicht einmal eine Blume für eine längere Zeit gedeihen; sie verwelkt rasch. Was ist der Grund?

Aber an dem Tag, an dem ein gewöhnlicher Mensch ein Buddha wird, wächst sogar aus einer verwelkten Blume eine Frucht. Diese Frucht wird ein Samen, jener Samen bringt zehntausend Blumen hervor und jene zehntausend Blumen verströmen einen wundervollen Duft für die ganze Welt. Warum ist das so?

(Stille)

Hmmmm! Die einhundert Lotusblüten von unserer Farm Yun Hwa Dharma Sah auf Hawaii duften süß. Hmmmm! Ich danke euch sehr!

Ein Buddha sitzt direkt vor dir, aber du weißt nicht, dass dies ein Buddha ist und daher behandelst du ihn wie einen gewöhnlichen Menschen.

Aber eines Morgens erkennst du, dass jener Buddha ein Buddha ist und alle deine Zweifel, Vorwürfe, deine Wut und dein Neid verschwinden. Dann wirst du automatisch ein Buddha, weil du jenen Buddha als einen Buddha achtest und ihn als einen solchen behandelst.

Zu dieser Zeit verschwinden alle deine Mauern, und du wirst eins mit jenem Buddha, der direkt vor dir sitzt. Selbst wenn dann jener Buddha kein Wort sagt, sondern nur eine Augenbewegung macht, weißt du sofort, was er möchte. Und dies ist großes Glück für beide: für den Buddha, der vor dir sitzt, und für dich selbst. Wenn du dann die trockenen Lippen Buddhas siehst, bietest du ihm ein Glas Wasser an und deine eigenen trockenen Lippen werden ebenfalls benetzt.

Aber es gibt jenen Nicht-Buddha, der dich erkennen lässt, dass dieser Buddha, der direkt vor dir sitzt, ein Buddha ist. Finde diesen Nicht-Buddha!

Die Wahrheit und absolute Buddha-Welt

Am Ort Buddhas gibt es keine Krankheiten oder Leiden. Dieser Ort ist immer direkt vor uns, und wir leben immer darin. Aber wegen unserer Krankheiten und unserer Leiden können wir diesen Ort Buddhas noch nicht sehen, wir können ihn nicht fühlen und erkennen nicht, dass wir in ihm leben.

Bemühe dich zuerst, deine Krankheiten des Geistes zu beseitigen, die Ego, Begierden und Wut sind. Bringe deinen Körper dazu, für andere zu handeln und sie glücklich zu machen. Dann kannst du sehen, dass Buddha direkt vor deinen Augen ist. Du kannst erkennen und fühlen, dass du in Buddha lebst.

Dieser Buddha lebt und bewegt sich immer zusammen mit dir.

Wer sich anderen wahrhaftig widmen kann, der weiß, was die Wahrheit ist.

Wer immer prüft, warum er anderen etwas geben muss, weiß nicht, was die Wahrheit ist.

Und wer nur für sich selbst lebt, auf seinen Ruhm bedacht ist und sich selbst herausstellt, weiß nicht, was die Wahrheit ist.

Aber wer nicht an sich selbst denkt und nur für andere lebt, der hat das erlangt, was die Wahrheit ist. Wer immer an andere denkt, danach forscht, wie er sie glücklich machen kann und dass sie sich wohl fühlen, wer also nur dafür lebt, der ist selbst die Wahrheit. Ganz gleich, wo dieser Mensch, der wahrhaftig ist, geht, er rettet stets andere, heilt ihre Krankheiten des Geistes und des Körpers, macht alle glücklich und zeigt ihnen die wahre Schönheit.

Ein Brief an Buddha, die absolute Energie, die Wahrheit

Ich vermisse dich immer so sehr, und ich möchte für immer in deinen Armen sein. In diesem Traum am Morgen war ich in deinen Armen, in deiner warmen und erhabenen Umarmung. Dort vergaß ich alles. Ich wünsche, dort ohne Ende zu verweilen. Aber mit dem Klingeln des Weckers erwachte ich aus dem Traum. Als ich aufwachte, war ich sehr unzufrieden und wütend auf den Wecker.

Doch sofort änderte ich mein Denken und beschloss, heute einen glücklichen Tag in deiner sanften und erhabenen Umarmung zu verbringen. Und es geschah etwas Merkwürdiges an diesem Morgen: Das Gesicht meines Kollegen, das normalerweise hässlich ist, war heute schön. Das entsteht durch deine Anmut. Ich danke dir so sehr!

Da ich mir wünsche, dir heute Nacht wieder zu begegnen, werde ich heute intensiv üben. Ich liebe dich!

Du ohne Bedingungen.
Du ohne Verblendungen.
Du ohne Begierden.
Du ohne Ego.

In dem Augenblick, in dem ich mit dir zusammen bin, vergesse ich mich selbst: Raum und Zeit beherrschen mich nicht mehr.

Ich sinke tief in dich hinein und folge einfach Wind und Wolken, wandere umher, gebe anderen diese Freude weiter und lebe ohne Ende.

Oh, du! Selbst wenn ich sage: »Ich liebe dich«, ist das nicht korrekt. Selbst wenn ich sage: »Ich vergaß die Liebe«, ist das ebenso wenig korrekt. Was soll ich sagen?

Ich liebe dich unendlich, unendlich für immer. Selbst wenn dieses ganze Universum verschwindet und ein anderes entsteht, werde ich dich noch unendlich lieben. Bis die Atome zerbrechen und verschwinden.

Großartiges, strahlendes, herrliches Du! Ich lebe immer in dir. Bis jetzt nannten alle deinen Namen »Buddha« oder »Gott« oder »Wahrheit« oder »Absolute Energie«. Der eine Meister nannte dich: »Trockene Scheiße am Stock«, ein anderer: »Drei Pfund Flachs«. Einige sogar schreien dir zu: »KATZ!!!«

Sie gaben dir 100.000 verschiedene Namen, was auch immer für Namen sie wollten. Aber wie viele Menschen kannten dich wirklich?

Bis jetzt erhielten sie die Bestätigung der Erleuchtung, wenn sie dich nur ein wenig kannten. Wenn sie dir nur ein wenig näher gekommen waren, erhielten sie ebenfalls die Bestätigung der Erleuchtung. Diejenigen, die dachten, dich zu kennen, waren dieselben, die dich in der Geschichte unglaubwürdig machten und dich leiden ließen.

Herrliches, wundervolles Du, bitte vergib den egoistischen und unwissenden Lebewesen; bitte, liebe sie und helfe ihnen bedingungslos. Lass sie deinen Ort verwirklichen und ihn strahlend und klar machen. Lass alle Lebewesen an deinem Ort leben und ein wahres, unbegrenztes und glückliches Leben führen.

Na Mu Kwan Se Um Bo Sal
Na Mu So Ga Mo Ni Bul
Chong Gak Mio Poep Yon Hwa Kyong

❧

Buddha zu begegnen scheint immer so weit weg und schwierig zu sein. Aber eines Tages triffst du plötzlich Buddha, du lässt alles los und du sinkst in wahres Glück.

Doch dann ruft dich das Karma und du musst gehen. In diesem Moment fühlst du dich sehr verlassen, und du hast Schwierigkeiten, dich auszudrücken. Es ist geradeso wie bei jemandem, der immer allein gelebt hat und der sehr einsam ist. Aber eines Tages begegnet ihm endlich der Geliebte, nach dem er sich so lange gesehnt hat. Sie lernen sich beide kennen, und schließlich werden die zwei eins. Sie leben so glücklich, jeden einzelnen Tag! Aber jeder hat seine Pflichten zu erfüllen, und so müssen sie auseinander gehen. Sie versprechen, sich wieder zu treffen, aber einmal getrennt leiden sie, weil sie sich im Geist so sehr vermissen.

Immer ist es dein Wunsch und Sehnen, mit Buddha zu sein. Aber wegen deines übrig gebliebenen Karmas musst du immer wieder weggehen.

Wenn du wünschst, immer mit Buddha zu sein, übe intensiv und beseitige dein Karma. Es ist geradeso, wie wenn du mit deinem Geliebten zusammenleben möchtest: Du unternimmst alle Anstrengungen und arbeitest hart daran.

Wenn du intensiv übst, wird dein Karma verschwinden, und du wirst immer mit Buddha leben können. Dann wirst du unendliches Glück haben, so wie zwei Liebende, die nicht eine Minute getrennt leben. Zwei werden eins und sie haben unendliches Glück.

Zweifle nicht an deiner Übungspraxis, genauso wie Liebende nicht an ihrer Liebe zweifeln. Sie geben sich einander Liebe ohne Bedingungen und haben unbedingtes Glück.

Sitzend, stehend, schlafend und gehend denke ich immer an dich. Je mehr ich an dich denke, desto mehr absolute Energie kommt aus meinem Körper. Ich gebe diese Energie allen anderen, um ihre Leiden zu beseitigen und sie glücklich zu machen.

Dir dankbar unendliches Du. Für deine Pflege, deine Sorge, deine Führung, deinen großartigen Trost und deine große Liebe. Ich bin immer in dir und ich bin so glücklich; ich weiß nicht, wie ich dieses Glück ausdrücken soll.

Großes Du, ich liebe dich unendlich. Ich lebe das Leben nur für dich, Leben für Leben. Heißer Kuss, Kuss, Kuss, Kuss!!!

PS: »Du« bedeutet Buddha, Absolutes, Wahrheit, Geliebter.

Wenn Buddha auf die Lebewesen schaut, lächelt er immer voller Liebe und Mitgefühl. Der Grund liegt darin: Wenn Lebewesen Dinge tun, erscheint dies manchmal so unwissend und manchmal so klug. Wegen einer ganz kleinen Sache denken sie, sie seien die Besten und prahlen mit ihrer Rechtschaffenheit. Wenn die Dinge schief gehen, machen sie ein genauso großes Theater und klagen darüber.

Dies alles scheint so interessant und bedauernswert zu sein. Aber ganz gleich, was die Lebewesen anstellen, Buddha schaut auf alles immer mit einem Geist der Liebe.

Wenn der Geist der Lebewesen nur ein wenig mit dem Geist Buddhas verbunden ist, können sie wirklich ein glückliches Leben führen und sich wohl fühlen.

Buddha (absolute Energie) beschützt uns ständig, aber wir wissen nicht, was Buddha ist und wollen uns deshalb nur selbst schützen. Aus diesem Grund machen wir alles schwierig.

Wenn wir versuchen, uns selbst zu schützen, ohne Buddha zu kennen, ist das ein Leben wie ein kleines Boot in hohen Wellen. Aber wenn wir wissen, was Buddha ist, wenn wir Buddha alles anvertrauen und Buddha vertrauen, so gleicht unser Leben einem Boot auf dem ruhigen Ozean.

Jener Geist, der weiß, was Buddha ist und Buddha vertraut, ist der Geist, der mit Buddha eins sein kann. Jener eine Geist kann alle Schwierigkeiten überwinden und will alle lieben und beschützen. Dann wirst du immer Liebe und Achtung von anderen bekommen, ganz gleich, wo du gehst.

Sieh so bald wie möglich Buddha, der direkt vor deinen Augen ist. Dieser Buddha wartet stets darauf, dass du ihn siehst und erkennst.

Diese gegenwärtige Welt ist wie ein Spinnennetz. Aber mit deiner großen Liebe können wir ein Loch in das Netz reißen, hindurchgehen und alle Schwierigkeiten überwinden.

Ganz gleich, wie schwierig es ist: Mit deiner großen Liebe werde ich immer ruhig und entspannt. Dies ist deinem großen Schutz zu verdanken.

Erschaffe ein Kissen aus wahrer Liebe. Dann, wenn ich auf dem Boden liege, wird alles so leicht und angenehm, und die ganze Welt gehört mir. Was kann ich mir mehr wünschen? Ich kann nur sagen: »Ich danke dir« und »Ich liebe dich ...«

In den Sutras heißt es: »Du fängst einen Fisch mit einem Netz, aber wenn du den Fisch gefangen hast, vergisst du das Netz.« Genauso gilt: Du hängst von der Sprache ab, um die Bedeutung zu verstehen. Aber wenn du einmal verstanden hast, musst du die Sprache vergessen.

Wir finden uns in der Stille, und mit jenem wahren Selbst bringen wir die Wahrheit zur Geltung. Ohne Lärm, ohne Klagen und ohne Streit können diese Welt, die Länder und Familien wunderbar leben.

Shakyamuni Buddha war sechs Jahre in der Stille. In ihr fand er sich selbst. Aber er musste die Stille unterbrechen, um alle Lebewesen zu lehren – um uns zu lehren und uns zu führen, damit wir auf 84.000 Wegen die Wahrheit finden. Aber als er in das Nirvana ging, sagte er uns klar, dass er nichts gesagt habe, und er ging in die Stille zurück.

Dieser Monat Mai ist Shakyamuni Buddhas Geburtstag. Versuche, seine Stille zu finden.

Die ganze lange Nacht in Buddha

Jene Zeit mit Buddha war so voller Freude und Glück; deshalb habe ich die ganze Nacht nicht geschlafen und dann den Morgen empfangen. Ich habe wieder Sehnsucht nach jener kostbaren Zeit.

Ich empfing den Morgen und versprach mir wieder einmal, dass ich gerade heute nicht von Namen, Formen und Bedingungen gefangen sein werde.

Ich weiß ganz klar, dass das, was ich mit diesen Augen sehe und mit diesen Ohren höre, vergänglich ist; es sind Trugbilder. Doch immer wieder lasse ich mich von ihnen einfangen, und deshalb kann ich Buddha am Tage nicht sehen.

Aber in der Nacht schließe ich meine Augen, meine Ohren, meinen Mund und meine Nase, und ich vergesse alles und lege alles ab. Dann ist Buddha vor mir.

Nein! Ich bin *in* Buddha. Es ist angenehm und voller Freude. Heute Nacht begebe ich mich wieder in die Umarmung Buddhas und ich verspreche, dass ich morgen früh Buddha immer noch sehen werde. Selbst wenn meine Augen und Ohren sich öffnen, werde ich Buddha noch sehen.

Finde Buddha (Geist, Wahrheit). Wenn du erkennst, dass du in Buddha lebst, gehört dir das ganze Universum. Wohin auch immer du dein Denken lenkst, wird es wahr werden. Auch ohne Denken strömt das Glück von allein im strahlenden Licht und der Klarheit.

Bevor du Buddha erkennst, wirst du deinen Körper überanstrengen, so dass er schwach wird. Aber von dem Augenblick an, an dem du Buddha erkennst, wird dein Körper von selbst gesund, weil du in der Klarheit die Weisheit haben wirst, wie du für deinen Körper sorgst.

Sei nicht gierig nach den kleinen Dingen, du erzeugst dadurch unnötiges Leiden.

Ich bin besorgt, weil ich die strahlende Sonne und den klaren Mond nicht mit dir teilen kann.

Mit diesen Ohren höre Buddhas leisen Klang.

Mit diesen Augen sieh Buddha ganz klar.

Mit diesen Händen halte Buddha.

Was kann man sich mehr wünschen?

PS: Lies diese Lehre in der nächsten Woche direkt vor der Samadhi-Übung am Abend.

Betrachte dich immer selbst: deine Reden, Handlungen und Absichten. Überprüfe in jedem Augenblick diese Dinge. Erfolg und Misserfolg, Glück und Unglück, Reichtum und Armut entsprechen alle dem, was du tust.

Die Bedeutung von »in Buddha« ist dasselbe wie »im Spiegel«. Wenn unsere Absichten, Sprache und Handlungen korrekt sind, wirft der Spiegel dies zurück. Und wenn sie nicht korrekt sind, spiegelt er dies ebenfalls.

Auch wenn du nicht handelst oder redest, aber böse Absichten hegst, spiegelt sich dies in Buddha und bringt dir ein böses Leben. Und wenn du nicht weißt, wie man handelt und redet, deine Absichten aber leuchtend, klar und liebevoll sind, wirst du glücklich und wirst von anderen sehr geachtet.

Sprache und Handlungen gleichen einem Federhalter und die Absichten der Tinte. Deine Absichten spiegeln sich immer in Buddha und sind die Ursachen für gutes oder schlechtes Karma.

So bringe zuerst deine Absichten in Ordnung und ändere sie. Aber wenn du schöne Gedanken, Handlungen und Absichten hast, dann wirst du Buddha.

❦

Wenn du jemanden hast, dem du alles geben kannst, und du nicht das Gefühl hast, etwas zu vermissen, obwohl du alles gibst, ist das Erfolg.

Es ist der angenehme Ort, an welchem du dich unterhalten und über die Wahrheit lernen kannst.

Es ist der Buddha-Weg, auf welchem du jemandem begegnest, der dich auf den wahren Weg führt und dir hilft, das Auge der Weisheit zu öffnen.

Der Mensch, der diese drei Dinge besitzt, ist der glücklichste Mensch der Welt. Wer diese drei Dinge besitzt, sollte nicht nach etwas Neuem suchen und sollte ohne Angst und Hindernisse das tägliche Leben hundertprozentig leben. Gehe voran.

❦

Immer den Dharma-Raum ausfegen und säubern.
Aber der Staub kommt immer wieder.
So wurde ich erschöpft, während ich ausfegte und sauber machte.
Ich warf den Besen weg, fiel auf den Boden, schrie und wurde ärgerlich.
Aber der Staub häufte sich mehr und mehr.
Mein erschöpfter Geist und Körper saß vor dem Buddha, und ich bereute alles und fragte: »Was ist meine wahre Aufgabe?«

Da erschien dieser Satz:
»Ohne Denken immer säubern und immer fegen.«

Dieser eine Satz gab meinem Geist einen Schlag.
Ich war völlig überrascht und stand auf.
Plötzlich sah der Staub im Dharma-Raum so
bemitleidenswert aus.
Ich werde ihn für dich säubern.
Ich nahm den Besen, den ich weggeworfen hatte.
Eins, zwei, drei, vier ... fegen und sauber machen.
Wenn du hereinkommen willst, komm, so oft du willst.
Ich werde für dich sauber machen und putzen, solange
dieser Körper existiert.

Siehst du?
Hörst du?
Der Teppich ist rot, der Vogel singt im Garten.
Jenes Ding, was sieht und hört, ist so klar. Warum taucht
dann immer die Selbsttäuschung im Geist der Lebewesen auf?
Jenes Ding, was sieht, ist leer. Jenes Ding, was hört, ist leer.
Wenn du dies wirklich erfasst, kannst du jenen Geist der
Lebewesen entfernen, der die Selbsttäuschung entstehen lässt.
Dort im leeren Geist sitzt Buddha.
Der rote Teppich ist schön, so rot wie er ist. Der Klang des
singenden Vogels ist wunderbar, so wie er ist.

Ein glückliches neues Jahr!

Heute ist der Anfang des Jahres nach dem Mondkalender. Für das ganze Jahr wünsche ich euch allen, dass ihr keine Probleme haben werdet, gesund seid und dass alle eure Wünsche wahr werden; dass ihr wohlhabend, zufrieden und sehr glücklich seid.

Die Erde dreht sich um die Sonne, und der Mond dreht sich um die Erde; dadurch entsteht die Yin- und Yang-Energie. Entsprechend der Yin- und Yang-Energie wird alles erschaffen. Aber im menschlichen Geist gibt es etwas, das nicht von Yin- und Yang-Energie beeinflusst wird.

Jenes Etwas ist verbunden mit dem wahren Geist und dem wahren Ich. Wenn du jenes Etwas findest, wirst du nicht beeinflusst oder behindert durch Yin oder Yang, Freude oder Traurigkeit, Glück oder Unglück, gut oder böse, schön oder hässlich.

Jenes Etwas übersteigt die Unterscheidungen und lebt ein wahrhaft glückliches Leben. Und je nach Ort, Zeit oder Verbindung kann jenes Etwas die Yin- und Yang-Energie erzeugen und im Gleichgewicht halten und alles angenehm und ruhig machen.

In diesem neuen Jahr möchte ich, dass ihr jenes Etwas findet. Bitte macht die Übungspraxis regelmäßig, findet dieses Etwas und bringt es zum nächsten Neujahrsfest mit!

Wenn du möchtest, dass ein anderer dir vertraut, so musst du zuerst Buddha (absolute Energie und Wahrheit) vertrauen. Wenn du möchtest, dass ein anderer dich achtet, so musst du zuerst deinen Meister oder Lehrer und andere Menschen achten. Der Geist, der vertraut, beseitigt das eigene Karma, und der Geist, der achtet, bringt uns dazu, in der Zukunft ein großer Meister und Buddha zu werden.

Shakyamuni Buddha und alle früheren Meister erkannten das Nichts und verstanden sein Gesetz. Sie erkannten, dass alles aus dem Nichts entstammt und dorthin zurückkehrt, und sie verwirklichten seine Kraft und Schönheit. Weil sie auch erkannten, dass das Nichts die Liebe und das Mitgefühl ist, retteten sie alle Lebewesen. In jedem Jahrhundert sind viele Meister erschienen und sie tun es immer noch, um weiterhin alle Lebewesen zu retten.

Aber mit dem menschlichen Körper, den wir das Etwas nennen, ist es schwierig, das Nichts zu erkennen und eins mit ihm zu werden. Aber in dem Augenblick, in dem jemand mit dem Nichts eins wird, weiß jenes Etwas seinen korrekten Weg des Etwas, und in diesem Moment empfängt es die Weisheit von dem Nichts. Diese Weisheit ist nicht die Weisheit des Etwas. Dann wird jenes Etwas nicht von irgendwelchen Dingen eingefangen (Ich, Mein, Mir, meine Bedingungen) und leuchtet für andere, beschützt sie und hilft ihnen.

Wenn du vom Etwas eingefangen wirst, wird alles schwierig. Aber wenn du das Nichts erkennst, ist dein Etwas dauernd glücklich und gibt anderen unendliche Liebe und unbegrenztes Mitgefühl.

Wenn du Buddha-Augen hast, die diese Welt, die Menschen und alles mit Liebe und Mitgefühl sehen, gibt es nichts, von dem du eingefangen wirst. Es gibt nichts, worüber du wütend wirst, nichts, auf das du neidisch bist, und nichts, wofür du anderen Vorwürfe machst. Dann ist das Einzige, was es gibt, eine große Gier und ein großes Verlangen, allen Lebewesen Gutes zu tun und ihnen Zufriedenheit und Glück zu geben. Wie schön das ist!

Weil wir Buddha-Augen haben wollen, praktizieren wir. Aber wir werden jeden Tag viele Male von unserem kleinen Ich eingefangen und werden wütend, neidisch und machen anderen Vorwürfe. Wie können wir daher Buddha-Augen bekommen?

Aber wenn du wirklich Buddha-Augen haben willst, musst du dich in Geduld und Ausdauer üben, während du auf dem Weg bist. Dann werden jene Geduld und Ausdauer von selbst bewirken, dass du Buddha-Augen bekommst.

So habe auch heute bitte Geduld und Ausdauer. Mache die Übungspraxis, um Buddha-Augen zu erlangen, so dass du die Schönheit dieser ganzen Welt sehen und wahrhaft erfahren kannst.

Die Menschen nutzen die Menge an Energie, die sie haben. Aber manchmal, in bestimmten Situationen, sind sie über sich selbst erstaunt wegen der Fülle an Energie, die sie haben. Der Grund für ihre Überraschung ist, dass sie nur das kennen, was sie bisher zu tun in der Lage waren. Sie erwarten nicht, dass sie fähig sind, mehr als dieses zu tun. Sie wollen nicht einmal wissen, ob sie es können.

Aber jemand, der das Nichts klar erkennt (Buddha, Absolutes, Wahrheit) und von dessen Kraft weiß, denkt nicht, dass seine eigene Energie allein die Kraft gibt. Jener Mensch sieht, dass seine eigene Energie lediglich den eigenen Motor im Leerlauf drehen lässt, und erkennt, dass die volle Kraft nicht von seinem Körper, sondern von dem Nichts kommt.

Wenn solch ein Mensch in einer schwierigen Situation ist und sie bewältigt, sagt er nicht, dass er es selbst war, der sie bewältigt hat. Er schätzt nur die Kraft des Nichts, verlässt sich auf sie und erledigt seine Aufgaben. Ob es viel oder wenig Arbeit zu tun gibt, er tut sie einfach und erledigt die ihm aufgegebenen Pflichten aufrichtig und kraftvoll. Welche Pflichten auch immer ihm gegeben werden, er tut sie gewissenhaft und mit Energie.

Wenn jemand lügt und versucht, es zu verbergen, erzeugt dies eine neue Lüge. Dann scheint es später, als ob jene Lüge wahr wird; man denkt sogar, dass dies die Wahrheit sei und glaubt an sie, und so wird diese Lügen-Wahrheit zur Wahrheit. Weil dann der Geist fest daran glaubt, dass jene Lügen-Wahrheit wahr ist, glauben auch andere, dass sie wahr sei.

Aber wenn es den Geist gibt, der nicht daran glaubt, dass jene Lügen-Wahrheit wahr sei, dann kann jene Lügen-Wahrheit nicht wahr werden. Und wenn es nicht jenen Geist gäbe, der an etwas glauben möchte, dann könnte der Vorgang des Lügens gar nicht erst beginnen.

Die Lüge kommt von dem kleinen Ich. Jener Geist, der glaubt, dass die Lüge wahr sei, kommt von verblendeter Anhaftung, die die Saat des Leidens erzeugt. Dann lebt man, als ob das Lügen-Ich das wahre Ich sei. Wenn unser Körper verschwindet, geht zwar der Körper, aber das Lügen-Ich kann nicht ins Nirvana kommen. Das Lügen-Ich läuft umher, trifft dann einen neuen Körper und wird wieder geboren.

PS: Dies ist eine sehr wichtige Lehrrede. Ich würde gern mehr erklären, aber ich will hier aufhören. Weil diese Lehrrede auf zehntausendfache verschiedene Art und Weise interpretiert werden kann, möchte ich, dass du dich hinsetzt, meditierst und die Bedeutung dieser Lehre vollständig verstehst; versuche, den wesentlichen Punkt von dem zu verstehen, was ich erkläre.

Der Ursprungsort

 Bringe dein Denken stets an den strahlenden und klaren Ort. Dieser strahlende und klare Ort ist das wahre Ich, der Geist, die Wahrheit, Absolutes, Liebe, Glück und Buddha.

Während du deine Übungspraxis machst, und wenn du diesen strahlenden und klaren Ort sehen kannst:

siehst du Buddha,

wirst du glücklich,

fühlst du die Liebe,

wirst du absolut und wahr,

erkennst du, was der Geist ist, und

findest das wahre Ich.

Wenn du dein wahres Ich sehen, aber nicht daran glauben kannst, liegt dies daran, dass du von deinem Karma, deiner Verblendung und deinem kleinen Ich gefangen bist.

An unserem ursprünglichen Ort gibt es kein Yin und kein Yang. An diesem Ort gibt es keinen Namen und keine Form. Wenn du Buddha an diesen Ort des Nichts bringst, wird er Buddha. Wenn du Gott dorthin bringst, wird er Gott.

Shakyamuni Buddha erlangte dieses, und obgleich er selbst Buddha war, nannte er sich nicht Buddha. Er nannte sich Vater und Mutter aller Lebewesen, und er nannte diejenigen, die ihm nachfolgten, seine Schüler, Buddhas und Bodhisattvas. Wen er Buddha nannte, der wurde ein Buddha, und wen er Bodhisattva nannte, der wurde ein Bodhisattva.

Shakyamuni Buddha legte auch das Gelübde ab, dass er selbst kein Buddha oder ein Bodhisattva wird, bis alle Lebewesen Buddhas und Bodhisattvas werden.

Liebe Dharma-Familie, haftet nicht an Name und Form. Erkennt unseren ursprünglichen Ort, werdet selbst ein Buddha und Bodhisattva und helft anderen, selbst Buddhas und Bodhisattvas zu werden.

Die Menschen kommen vom Ort des Nichts. Aber ein Mensch zu sein bedeutet, Etwas zu sein. Dies ist der Grund, warum Menschen am Etwas haften. Und wegen dieser Anhaftung leiden sie. *Wenn du jenes Etwas ablegst, verschwindet das Leiden. Wenn du auch jenes Nichts ablegst, wirst du ein Buddha.* Wenn wir Menschen mit dieser gegenwärtigen menschlichen Form das Etwas und Nichts ablegen und diese Form für andere gebrauchen, werden wir wahres Glück haben und es schätzen, zu leben.

In der 0 zu leben ist Leben ohne Angst. Wenn du Ursache und Wirkung verstehst und davon nicht gefangen wirst, kannst du ein Leben ohne Angst führen.

Wenn du zur gleichen Zeit deine eigene Ursache und Wirkung gestaltest und weißt, was du dabei tust, dann ist dies geradeso, als ob du dein Leben auf deine eigene Handfläche legst. Dann kannst du dein eigenes Leben sehr klar sehen, so dass du es dann erschaffen kannst, wie du willst – ohne Angst. Das heißt in der klaren 0 zu leben.

Was bedeutet, nicht gefangen zu sein von Ursache und Wirkung? Hallo! Kann ich dir helfen?

Der farbenfreudige Buddha und der diamantene Buddha. Leuchtender und strahlender als der Sonne- und der Mond-Buddha. Die 0 ist nicht nur weiß. Es ist der schöne Ort, geradeso wie der farbenfreudige Buddha, der leuchtende Buddha und der diamantene Buddha.

Lebe das Leben verweilend in dieser wunderbaren 0. Dort drinnen: Wo existieren die Leiden, die Schwierigkeiten, die Traurigkeit und die Blockaden? Denke, sprich und handle immer innerhalb dieser wunderbaren 0, und lebe dein Leben sehr farbenfreudig. Wenn du von diesem schönen Ort aus denkst, sprichst und handelst, rettet das die anderen.

Nimm wahr, woher die Gefühle, Emotionen, Urteile und Äußerungen, die von den sechs Toren (der Wahrnehmung) kommen, stammen. Kommen sie aus der Bedingtheit, oder kommen sie aus der Unbedingtheit?

Wenn sie aus der Bedingung entstehen, dann kommen sie aus dem Karma. Aber wenn sie aus der Nicht-Bedingung entstehen, dann kommen sie aus der klaren 0.

Man bedauert immer jene Handlungen, die daraus entstehen, was von den sechs Toren mit Bedingungen kommt, und diese Handlungen bringen uns in die Negativität. Aber jene Handlungen, die daraus entstehen, was von den sechs Toren ohne Bedingungen kommt, haben keine Hindernisse und machen uns stets strahlend.

Nimm dich immer selbst wahr, bevor du das in Handlungen umsetzt, was von den sechs Toren kommt. Entsteht es mit Bedingungen oder entsteht es ohne Bedingungen?

Wenn du nicht unterscheiden kannst, ob es mit oder ohne Bedingungen entsteht, dann unterbrich die Handlung, bringe dein Denken in die 0, und gib den sechs Toren Raum und Zeit. Dies ist umsichtiges Handeln und der Weg, von anderen Respekt zu bekommen. Dies ist der Weg Buddhas.

Lege den 0-Verband auf dein tief verwundetes Herz. Zuerst schmerzt die Wunde und ist entzündet; ich will den 0-Verband nicht auflegen, und ich kämpfe mit mir selbst.
Aber eines Tages kommt jemand mit einer liebenden Hand und legt den 0-Verband auf die Wunde, ohne ein Wort zu sagen. Zuerst bin ich wütend, aber danach verschwinden die Wunde und der Schmerz, ohne dass ich es bemerke, und die Stelle, wo die Wunde war, ist geheilt.
Zu jener Zeit ist Buddha direkt vor meinen Augen. Er schaut mich an, lächelt und sagt: »Wie geht es dir?« Ohne es zu bemerken, antworte ich: »Mir geht es gut.«

Ich übe für dich.
Ich arbeite für dich.
Ich studiere für dich.
Ich schlafe für dich.
Ich wasche meinen Körper für dich.
Ich esse für dich.
Ich mache meinen Geist schön für dich.
Wann auch immer und wo auch immer ich etwas unternehme und was auch immer ich tue, es ist alles für dich. Ich lebe für dich.
Die Erfüllung, Vollkommenheit, das Glück und die Zufriedenheit, die aus der Vereinigung von Yin und Yang ent-

stehen, erreichen den absoluten und ursprünglichen Ort Buddhas. Wenn ich eins mit dir werde, ist das der Ort Buddhas. Dieser Ort hat keine Bedingungen oder Begierden und ist dort, wo zwei Menschen wahre Liebe zueinander empfinden. Dies ist der Ort, wo wir uns über das Glück 24 Stunden oder 1440 Minuten pro Tag freuen können.

In dem Lotus-Sutra heißt es: »Einer ist in den vielen, viele sind in dem einen.« Wenn ein Mensch seinen Geist und Körper an einen Menschen gibt, ist dieses Gelübde die herrlichste und wundervollste Sache.

Unser Körper ist vom Karma erzeugt. Deshalb ist unser Geist vom Karma verunreinigt, und wir sind weit entfernt von unserem wahren Ort. Indem wir immer am Ort des Karma sind, leben wir ein gespaltenes Leben. Dort haben wir ein unsicheres Leben und viele Arten von Leiden.

Der Mensch, der sein eigenes Leben und alles andere dem Menschen geben kann, den er liebt, respektiert und dem er vertraut, ist derjenige, der den wahren, den Ursprungsort finden kann. Wenn ein Mensch einen anderen hat, dem er sein Leben und alles geben kann, dann ist er der glücklichste Mensch auf der Welt.

Wenn die Schüler ihr Leben dem Meister widmen, wenn die Ehefrau ihr Leben ihrem Ehemann widmet, wenn der Ehemann sein Leben seiner Ehefrau widmet und wenn Liebende dies auch tun, ist das Schönste auf der Welt, alles den anderen zu geben.

Es ist der Buddha-Weg, wenn aus zwei eins wird. Wenn man durch dieses Eine, das aus zweien entstanden ist, mit vielen anderen Menschen umgeht, ist das der Weg, die Lebewesen zu retten.

Wir Menschen kommen vom Ort der Liebe. Aber wenn die Menschen dies nicht wissen, so bringen sie schlechte Rede, schlechtes Handeln und schlechtes Denken hervor, sie verschmutzen diesen Ort der Liebe; dann können sie kein korrektes Leben führen, und sie leiden ohne Ende.

Willst du das Leiden beseitigen und deine korrekte Aufgabe als Mensch wahrnehmen, dann schmücke diesen Ort der Liebe mit Schönheit. Wir müssen zuerst erkennen, dass unser Ursprungsort der Ort der Liebe ist und uns daran erinnern, dass wir dort immer leben. Wenn wir dies erkennen, wird unser Reden, Handeln und Denken von selbst schön und wir werden eins mit unserem Ursprungsort der Liebe. Dann können wir unsere Aufgabe als Menschen erfüllen und schmücken diese gegenwärtige Welt mit wahrer Schönheit.

An dem strahlenden und klaren Ort:

1. Nimm die Form wahr, die Schwierigkeiten erzeugt.
2. Nimm das Denken wahr, das jene Form dazu bringt, zu funktionieren.
3. Nimm den Geist wahr, der jenes Denken erzeugt.
4. Nimm den Geist wahr, der jenen Geist erweckt.
5. Nimm den Geist wahr, der kein Geist ist, selbst wenn du hinsiehst.
6. Wenn du erkennst, dass es keinen Geist gibt, nimm das wahr, was diese Form leiden lässt und was sie glücklich macht.
7. Nimm das wahr, was du jetzt tust.
8. Nimm in diesem Augenblick dein Denken wahr: Geht es anderen auf die Nerven, beneidet es andere oder liebt es die anderen?

9. Vergiss alles und denke, dass du glücklich bist.
10. Was ist deine Verantwortung in diesem Augenblick?
Sieh, was du gerade jetzt tun musst, und tu es.

Um den Ort der 0 zu verdienen und zu erlangen, wirf deinen Körper, deinen Geist, dein Verlangen, dein Ego, deine Verblendungen und alles fort. Was ist gerade jetzt meine Aufgabe, wenn dieser Ort erreicht ist?

Um diesen Ort zu verdienen und zu erlangen, reiste ich viele Male zwischen Erde und Himmel hin und her, sammelte ich viele Erfahrungen, ertrug viele Leiden und erzeugte imaginäre Dinge, Phantasien und Erwartungen. Schließlich verdiente und erlangte ich ihn.

Was soll dieses 0-Ich tun und für wen soll ich leben? Ich lebe für meine wunderbaren Schüler, ich lebe für meinen wunderbaren Ehemann, ich lebe für meine wunderbaren Kinder, für meine großartigen Freunde und für jeden anderen. Dieses Leben ist wahrhaft schätzenswert und ohne Makel. Dieses Leben ist Bodhisattva-Leben und das große, allumfassende und freie Leben.

Werde nicht überheblich oder selbstgefällig, nur weil du diese 0 kennst.

Der Geist, der sagt: »Ich weiß«, ist der Geist der gewöhnlichen Lebewesen, und der Geist, der sagt: »Ich will nicht wissen«, ist ebenfalls der Geist der gewöhnlichen Lebewesen. Erzeuge keinen Geist des Wissens oder Nicht-Wissens. Um wirklich diese 0 (absoluter Geist) zu erlangen, konzentriere dich auf dein tägliches Leben und mache regelmäßig deine

Übungspraxis. Das ist der Weg, um den 0-Ort wirklich zu erreichen und ihn leuchtend und strahlend zu machen.

❧

Siehst du diesen strahlenden und klaren Ort? Siehst du diesen leeren Ort, welcher der 0-Ort ist? Der Himmel ist blau, der Teppich ist rot. Siehst du es? Ist es klar?
Lass dich jetzt nicht einfangen von »der Himmel ist blau, der Teppich ist rot«. Überschreite »der Himmel ist blau, der Teppich ist rot«. Kannst du jenes Nichts sehen, das »der Himmel ist blau, der Teppich ist rot« überschreitet? Kannst du sehen?
Wenn du sagst, du kannst sehen, hast du Unrecht. Wenn du sagst, du kannst nicht sehen, hast du immer noch Unrecht. Nun, was ist dies?
Zen-Meister Rinzai, mache an diesem Ort keinen Lärm mit deinem KATZ. Mahakasapa, beeinflusse diesen Ort nicht mit deinem Lächeln. Zen-Meister Un Chung, verbreite an diesem Ort keinen Gestank mit deiner trockenen Scheiße am Stock. Zen-Meister Guji, zeige nicht mit deinem Finger auf diesen Ort; du wirst dich verletzen.
Nun, was ist dies?
Sieben Uhr morgens, eine Minute und drei Sekunden; ich zeichne eine Lotusblume auf das weiße Papier. Ahhh! Schön! Wunderbar! Vielen, vielen Dank!

PS: Dies ist eine sehr wichtige Lehrrede. Lies sie immer wieder und versuche sie zu begreifen.
PPS: Mahakasapa war der erste Schüler Buddhas, der die Bestätigung der Erleuchtung erhielt. Dies geschah, als Buddha auf dem Geierberg Yong San vor einer großen Versammlung eine Blume emporhielt und Mahakasapa lächelte.

Die Zen-Meister Rinzai, Un Chung und Guji waren große Meister aus China, von denen jeder seine ganz besondere Art der Lehrmethode verwendete, um den wahren Ort zu erklären. Der Meister Rinzai stieß immer »KATZ« aus, der große Zen-Ausruf. Meister Un Chungs »trockene Scheiße an einem Stock« wurde ein berühmter Zen-Ausspruch. Un Chung war eines Tages von einem Schüler gefragt worden: »Was ist Buddha«, während er gerade dabei war, die Toiletten mit einem Stock zu reinigen und diese Antwort gab; der Meister Guji antwortete immer auf alle Fragen, indem er einen Finger hochhielt.

Jenen Schmerz und jene Wunde, die dir von dem wilden Tier zugefügt wurden – lege sie in die 0. Zuerst schmerzen sie sehr und verursachen starkes Leiden, aber nachdem sie in die 0 gelegt worden sind, verschwinden sie allmählich, und Körper und Geist fangen an, sich wohl zu fühlen.
Ich hatte großes Mitleid mit der wütenden und kaltblütigen Bestie, die mich verletzt hatte. Und gleichzeitig quälte mich die Frage, wie ich diese Bestie in einen Buddha verwandeln könnte. Ich konzentrierte mich so sehr darauf, dass ich nicht wahrnahm, dass der Tag vergangen und die Nacht gekommen war. Und während ich dies nicht bemerkte, wurden Raum und Zeit eins. Jenes Eine wurde zum Licht der Weisheit, das auf alles schien und alles strahlend und klar werden ließ. Die wilde Bestie und sogar Buddha verschwanden.
Die Blume auf dem Tisch lächelt mich still an. Ohne es wahrzunehmen, drücke ich meine Lippen an die Blume. Und ich küsssssse!!! Ich liebe dich!

PS: Dies ist eine sehr wichtige Lehrrede für alle.

Der leuchtende, helle und klare Meister dieses ganzen Universums (Buddha, Wahrheit, absolute Energie) ist immer strahlend, stark und schneller als eine Rakete. Jene Kraft kann alles gewinnen und in diesem ganzen Universum alles erschaffen. Sie kann die ganze Erde in Drehung versetzen, die Sonne und den Mond scheinen und alles wachsen lassen. Diese Kraft kann vor allem den Menschen erschaffen.

Was ist der ursprüngliche Ort dieses herrlichen und leuchtenden Meisters? Dieser ursprüngliche Ort ist weder teuflisch, rau, überheblich, verhärtet noch verletzend. Diese herrliche Kraft entstammt stets dem sanftesten, mildesten, strahlendsten und klarsten Ort.

Wer praktiziert, macht sich selbst so sanft und freundlich wie möglich: Dies heißt, sanft und freundlich reden, handeln und denken und jenen sanften und freundlichen Ort zu verwirklichen. Wer praktiziert, hält besonders an der sanften und freundlichen Liebe und der Verständigung innerhalb der Beziehung fest und macht seine Beziehungen sanft und freundlich. Diese Sanftheit und Freundlichkeit ist eine feine und vorzügliche Kraft, die nicht durch irgendeine raue oder gewaltsame Sache zerbrochen werden kann.

In diese Richtung zu gehen ist der Weg des Buddha. In diese Richtung zu gehen ist, sich selbst zum Buddha zu machen.

Jenes Ding, das den Ort Buddhas sieht und das deinen eigenen Körper und Geist sieht, gestaltet dein Leben und erschafft alles. Wenn dir jenes Ding daher nicht klar ist, zerstörst du dich selbst und andere. Aber wenn jenes Ding dir klar ist, kommt es dir selbst zu Gute und du machst dich selbst glücklich, und zur gleichen Zeit nützt du anderen und machst andere glücklich.

Wir benutzen jenes Ding immer, aber wenn wir jenes Ding nicht kennen, dann erzeugt jenes Nicht-Wissen Verblendung.

Wenn du jenes Ding kennen möchtest:

1. Sieh deinen eigenen Fehler.
2. Wenn du deinen Fehler sehen kannst, sei nicht traurig, nicht niedergeschlagen und fühle dich nicht schuldig.
3. Sei glücklich, dass du deinen Fehler sehen kannst.
4. Mit jenem glücklichen Geist bringe deinen Fehler in Ordnung.
5. Während du deinen Fehler in Ordnung bringst, wird jenes Ding nach und nach strahlend und klar werden. Du wirst das Geheimnis von jenem Ding kennen, und du wirst den ausgezeichneten Gebrauch von jenem Ding kennen.
6. Du wirst erkennen, dass der ausgezeichnete Gebrauch von jenem Ding der ist, andere glücklich zu machen.
7. Wenn jenes Ding andere glücklich macht, dann wird jenes Ding dich leuchtend machen.
8. Du wirst dann erkennen, dass jenes Ding, das dich leuchtend macht, immer am Ort des Nichts bleibt.
9. Wenn du jenes erkennst, wirst du wieder ein Buddha und ein Bodhisattva werden.
10. Dann kannst du leben ohne Ende, ohne Erlöschen.

Unser ursprünglicher Ort ist klar und voll mit Güte; von dort kommen wir. Aber sobald wir unsere menschliche Form erhalten, können wir diesen klaren Ort voll mit Güte leicht vergessen, und wir können in eine unklare Richtung gehen, die voll Negativität ist. Dies macht uns leiden.

Gute Dinge für andere zu tun macht dich glücklich und klar. Aber negative Dinge gegenüber anderen zu tun und sie zu stören macht dich leiden und beeinträchtigt dich auch selbst. An Buddha zu denken führt dich zu deinem ursprünglichen, klaren und mit Güte erfüllten Ort und hilft dir, jenen Ort zu bewahren. Mache es dir daher zur Gewohnheit, am Ende jedes Tages an Buddha zu denken und zurückzublicken, was du an diesem Tag getan hast. Wenn du irgendwelche Fehler gemacht hast, versuche sie nicht noch einmal zu machen, und wenn du gute Dinge getan hast, vergiss sie, denn was immer Gutes du tust, ist nur, deine korrekte menschliche Aufgabe zu erfüllen.

Schönheit, Kreativität und Entspannung

Mögest du in diesem Jahr reich und gesund sein, und mögen alle deine Wünsche in Erfüllung gehen. Geh tiefer in den Übungsweg der Praxis hinein. Erlange Erleuchtung und schmücke diese Welt mit Schönheit.

Lass immer los.

Sei immer entspannt.

Wenn eine Henne auf ihren Eiern sitzt, ist sie vollständig damit beschäftigt. Konzentriert euch daher in diesem Jahr nur auf die Übungspraxis und praktiziert. Dann, wenn der Hahn kräht, verschwindet die Dunkelheit und der strahlende Morgen bricht an.

Komm so schnell wie möglich aus deinem dunklen Karma heraus, sieh die strahlende Welt, lebe für andere und führe ein Leben, das du zu schätzen weißt.

Wenn du in einer schwierigen und wichtigen Situation bist, vergiss nicht, dir selbst Raum zu geben. Raum gibt dir Entspannung, und so kannst du deine eigene Energie ins Gleichgewicht und dich selbst zur Klarheit bringen.

Der Raum ist nicht im Denken, sondern im Nicht-Denken und hat keine Vergangenheit oder Zukunft. Dieser Raum ist das Jetzt, ist dieser Augenblick. Wenn du dich hundertprozentig in diesem Augenblick konzentrierst, dann gibst du dir selbst Raum. In jenem Raum schützt uns immer der Buddha und führt uns zu dem korrekten Weg.

Strenge dich bei der Übungspraxis an, um jenen Buddha in dem Raum zu sehen. Wenn du jenen Buddha in dem Raum erkennst, kannst du Schwierigkeiten überschreiten. Du wirst wissen, was in deinen wichtigen Situationen zu tun ist, und gleichzeitig wirst du erfahren, was vollkommene Entspannung ist.

Wenn dein Körper müde ist, nehmen die Verblendungen zu. Versuche in einem solchen Augenblick nicht nur, dich zu konzentrieren, um deine Verblendungen zu beseitigen, sondern entspanne zuerst deinen Körper und deinen Geist.
Durch die folgende Methode kannst du den Geist entspannen: *Stell dir vor, dass es direkt vor dir einen Buddha gibt und dass du in Buddha lebst.* Und denke daran: Wenn der Frühling kommt, blühen die Blumen. Bewahre dann diesen Geist, damit du den gehetzten und ruhelosen Geist loswerden kannst. Habe Geduld, mache die Übungspraxis, und sei von dem Geist erfüllt, dass du ununterbrochen üben willst, bis die Blumen blühen.
Während du übst, ist jener Buddha immer strahlend und schön. Das leuchtende und wundervolle Leben eines Buddha ist sehr einfach, aber gleichzeitig macht er das Leben für andere sehr reich. Die Biene sammelt in der Blüte immer sehr ausdauernd, aber nicht für sich selbst, sondern für andere. Sie ist auch heute sehr fleißig.

Der Mensch, der andere glücklich und zufrieden macht, bekommt stets Liebe und Achtung von anderen. Der Mensch, der andere unzufrieden und unglücklich macht, wird immer von anderen zurückgewiesen.

Das Ding, das andere unzufrieden und unglücklich macht:
1. entsteht durch Rede,
2. entsteht durch Handlung,
3. entsteht durch Denken.
Aber:
1. wenn du freundlich redest,
2. dann wird das Handeln freundlich,
3. dann wird das Denken freundlich.
Wenn du dies tust, bewirkt dies, dass du hohes Ansehen erwirbst.
Wenn du dies tust, wirst du von Liebe umgeben sein.
Wenn du dies tust, wirst du von Achtung umgeben sein.
Sei mit einer Decke von Liebe und Achtung zugedeckt und gehe zufrieden zu Bett, jede Nacht.

Der Geist, der anderen vertraut, ist der Geist, der Vertrauen zu sich selbst hat.
Der Geist, der für andere da ist, ist der Geist, der für sich selbst da ist.
Der Geist, der anderen nicht vertraut, ist der Geist, der kein Vertrauen zu sich selbst hat.
Der Geist, der nicht für andere da ist, ist der Geist, der nicht für sich selbst da ist.
Der Geist, der andere hasst, ist der Geist, der sich selbst hasst.
Der Geist, der andere liebt, ist der Geist, der sich selbst liebt.
Der Geist, der andere glücklich macht, ist der Geist, der sich selbst glücklich macht.
Bedenke all das und durchbreche deine Mauer des Karma.
Mache, dass dein Geist schön geschmückt und Liebe in ihm ist. Und lebe das Leben in Schönheit, ohne Einsamkeit.

In der Wahrheit gibt es ein Ding, das ständig in Bewegung ist. Es ist das, was man den Geist nennt. Der Geist ist keine krumme Sache, er ist kein dickes oder dünnes Ding. Es hängt davon ab, wie du ihn gebrauchst. Das Ding, das den Geist benutzt, nennt man das Denken. Wenn sich daher dieses Denken mit Buddha beschäftigt, erschafft der Geist Buddha, und wenn dieses Denken sich mit Dämonen beschäftigt, erzeugt der Geist Dämonen.

Ist zum Beispiel das Denken eines Menschen hässlich, dann macht sein Geist seine menschliche Form hässlich, ganz gleich, wie schön die Form des Menschen eigentlich ist. Ist diese Form des Menschen hässlich, das Denken jedoch schön, dann verwandelt das Denken diese hässliche Form in Schönheit.

Bewahre also stets dieses Denken, das den Geist an einem klaren Ort benutzt, und strenge dich an, dieses Denken korrekt zu halten. Benutze den Geist mit diesem reinen Denken in korrekter Weise ohne Hindernisse und ohne Makel, so dass du ein vollkommen freier Mensch wirst. Wenn du die absolute Freiheit erlangt hast, kannst du den Geist, der in der Wahrheit ist, so einsetzen, wie immer du es möchtest.

Schönes Denken kommt von einem dankbaren Geist:

1. Dankbar dem Buddha, weil er dich in diese Welt kommen ließ.
2. Dankbar deinen Eltern, weil sie dich zur Welt brachten und dich großgezogen haben.
3. Dankbar dem Meister, weil er deine Dunkelheit beseitigt und dir die Weisheit eröffnet.

4. Dankbar deinem Mann oder deiner Frau, weil er/sie dir Liebe und volle Sicherheit gibt.
5. Dankbar allen, weil sie unterstützen, dass du lebst.

Dieser dankbare Geist ist es, der schönes Denken bewirkt.

In diese Welt zu kommen ist nicht einfach.

Diese Welt zu verlassen ist auch nicht einfach.

Wenn du dies wirklich begreifst, dann mache dich so schnell wie möglich vom Leiden los.

Gewöhnlich besteht unser Leben zu neunzig Prozent aus Leiden und zu zehn Prozent aus Glück. Aber die meisten haben noch nicht einmal diese zehn Prozent Glück.

Ihr Übenden, ändert dies! Legt neunzig Prozent in das Glück und betrachtet die restlichen zehn Prozent nicht als Leiden. Nehmt jenes Leiden als Übungspraxis, um besser zu werden. Gestaltet auch euer Leben anmutig, was bedeutet: Sprecht anmutig, handelt anmutig und *denkt anmutig*. Dies wird euer Leben hundertprozentig glücklich machen, und wenn ihr eines Tages diese Welt verlasst, werdet ihr anmutig und ohne Bedauern gehen.

PS: Findet eure eigene Methode, wie ihr anmutig denken könnt. Dies ist sehr wichtig. Diskutiert darüber.

Wenn eine schwierige Lage auftaucht, entspanne dich zunächst. Wenn es schwierig ist, sich zu entspannen, dann schaue nach Süden, Norden, Osten und Westen und schaue in den Himmel. Im Himmel gibt es keine vier Richtungen, aber es gibt sie in unserem menschlichen Leben.

Die vier Richtungen haben Tore – Südtor, Nordtor, Osttor und Westtor. Wenn du durch das Nordtor gehst, ist da das Südtor und gehst du durch das Osttor, ist da das Westtor. Wenn du versuchst, durch alle diese Tore zu gehen, ist das sehr schwierig. Wenn du daher durch ein Tor gehst, denke nicht an die anderen Tore. Nachdem du ein Tor durchschritten hast, entspanne dich.

Nachdem du alle Tore durchschritten hast, reiße alle Tore nieder, wirf sie ins Meer und gehe, ohne zu reden, ohne Hindernis und entspanne dich.

Wenn du in einer schwierigen Situation bist, ist es schwer, die Schwierigkeit zu überwinden. Aber während du in der Schwierigkeit bist, gibt es genauso wie in der Dunkelheit immer ein kleines winziges Licht. Ganz gleich, wie schwierig die Situation auch sein mag, wenn du dich anstrengst, das kleine winzige Licht zu finden, während du in der Schwierigkeit bist, wird diese Anstrengung immer zur Entdeckung des Lichts führen.

Wenn du daher in einer Schwierigkeit bist, lass dich nicht davon einfangen, hafte nicht an ihr und geh nicht darin unter. Bemühe dich immer und mache die Übungspraxis, um sie zu überwinden. Der Mensch, der so handelt, wird stets erfolgreich sein.

In einer wunderbaren Beziehung ist der Geist vollständig entspannt und ruhig.

Wenn du vollständig entspannt und ruhig bist, kannst du dem richtigen Partner begegnen.

Wenn du vollständig entspannt und ruhig bist, begegnest du dem wahren Partner.

Wenn du Stille und Entspannung auch erhalten kannst, nachdem du dem wahren Partner begegnet bist, ist das wahre Liebe.

Wenn du in der Lage bist, in Stille und Entspannung zu leben, wird jene Liebe ewig dauern.

Sei immer entspannt und gelassen, praktiziere intensiv und erschaffe wunderbare Liebe.

Die Lotusblume sieht leuchtender und schöner aus, wenn sie im ruhigen und stillen Teich ist.

Lasst uns in Schönheit leben.

Schönheit entsteht, wenn die Welt der Gegensätze und die Welt der Zweifel überschritten werden, und sie entsteht durch gegenseitiges Helfen und Vertrauen.

Wenn du viele Zweifel hast, prüfst du immer, ob es richtig oder falsch ist und redest immer zu viel. Wenn du zu viel redest, entstehen zu viele Fragen. Dann kann selbst der Buddha deine viel zu vielen Fragen nicht beantworten.

Selbst wenn du nur ein Wort sagst, sage es sanft, überlegt und zutreffend und respektiere die anderen. Und selbst wenn du Zweifel hast, sprich freundlich und rücksichtsvoll und respektiere die Meinungen anderer. In dem freundlich gesprochenen Satz lass uns einen wundervollen Duft entfalten und ein wunderbares Gespräch haben.

PS: Diese Lehrrede ist sehr wichtig.

Lächle!

Lege alle Verblendungen in das Lächeln hinein. Lächle für dich selbst, lächle für andere.

Wenn ein normaler Mensch aus dem Bauch seiner Mutter geboren wird, kommt er schreiend heraus und lebt sorgenvoll in dieser Welt. Und wenn er zurückgeht, so geht er von Sorgen beladen. Ihr Übenden, wie wär's, dies zu ändern? Lebt mit einem Lächeln, geht mit einem Lächeln. Ein wahres Lächeln entsteht aus dem Nicht-Hindernis. Findet deshalb den Ort des Nicht-Hindernisses und erlangt das Blumen-Lächeln des Yong-San-Berges. Ein wahres Lächeln macht diese ganze Welt schön. Darum gib dieses wahre Lächeln immer an andere weiter.

Genau wie ein Löwe, den kein Geräusch erschreckt.

Genau wie der Wind von keinem Netz gefangen wird.

Genau wie die Lotusblume durch das schmutzige Wasser nicht beschmutzt wird.

Gehe mit einem Lächeln.

PS: Yong San ist der Berg, auf dem der Buddha eine Blume vor einer großen Versammlung emporhielt; Mahakasapa, einer seiner Schüler, lächelte und erhielt daraufhin von Buddha die Bestätigung der Erleuchtung.

Wir Menschen wissen, wie wir Stil und Schönheit erschaffen. Ursprünglich sind wir Buddhas und Bodhisattvas. Komme daher so schnell wie möglich heraus aus dem Karma-Ich, lebe frei, erschaffe Schönheit und lebe ein stilvolles Leben. Dies ist für die Menschen der richtige Weg zu leben.

Denke daran, unser Leben als Menschen heißt nicht Leiden. Schaue dich und deine Form an; sieh, wie schön du bist. Beschmutze dich nicht wegen deines Karmas. Lebe das Leben in Freiheit und erschaffe Schönheit, so viel du willst, solange du in diesem Leben existierst und in den zukünftigen Leben auch. Gehe zur Toilette, gehe ins Badezimmer, wasche dich und schenke dir ein großes Lächeln im Spiegel. Gut aussehend? Schön? Ja, das bist du.

In einer leidvollen Situation weiß man nicht, was Schönheit ist. In einer schönen Situation weiß man nicht, was Leiden ist. Aber wenn man erkennt, dass wir jetzt in der schönen (absoluten) Welt sind, wird man weder durch eine leidvolle noch durch eine schöne Situation behindert. Vielmehr wird man wissen, was die Ursache von Leiden und was die Ursache von Schönheit ist, und man wird je nach Lage wissen, wie das Leiden überwunden und die Schönheit erhalten werden kann. Du wirst dann weder durch Schönheit noch durch Leiden behindert, und du bist in ihnen (Schönheit und Leiden) nicht um deiner selbst willen. Wenn ein anderer leidet, leidest du; wenn ein anderer glücklich ist, bist du glücklich.
Mit jenem Geist bewahrt man Schönheit ohne Ende.

Wenn dein Körper erschöpft ist und du dich ausruhen möchtest, aber dein Denken nicht müde ist, dann entstehen immer neue Gedanken, und du kannst nicht ausruhen. Da jenes Denken nicht zwischen Tag- und Nachtzeit unterscheiden kann, macht es den Körper noch müder.
Viele Menschen nehmen Medikamente oder trinken Alkohol, um ausruhen zu können. Aber am nächsten Tag fühlen sie

sich deswegen noch müder. Menschen möchten gern vergessen und ihre Gedanken loswerden, aber je mehr sie sie loswerden wollen, desto stärker werden sie.

Zu jener Zeit mache das Mantra und sage zu dir selbst: »Ich werde morgen über alles nachdenken. In diesem Augenblick bin ich in der Umarmung Buddhas, ich werde von der Decke Buddhas zugedeckt und werde mit Buddha einschlafen.« Wiederhole diesen Satz mehrere Male; dann wird dein Denken verschwinden, und du wirst dich ausruhen können.

Jener Geist, der denkt, dass du in der Umarmung Buddhas bist, ist Buddha. Jenes Denken, das mit Buddha sein möchte, trennt andere Gedanken ab, und jenes Denken, das dich mit Buddhas Decke zudeckt, lässt dich alles vergessen und zur Ruhe bringen. Dieser Geist lässt dich mit dem Geist Buddhas eins werden und erlaubt dir, ohne Behinderung auszuruhen.

Der Ort Buddhas ist sanft, strahlend, klar und angenehm. Deshalb hat Buddhas Gesicht ein sanftes, schönes und mitfühlendes Lächeln. Jenes Lächeln ist da, um allen gewöhnlichen Lebewesen zu helfen.

Das Leben der gewöhnlichen Lebewesen ist meistens hart und schwierig. Aber wenn du die ganze Zeit lächelst, kannst du eine anstrengende Situation in eine friedliche Situation verwandeln, ganz gleich, wie anstrengend sie ist, und du kannst alle Schwierigkeiten überwinden.

Wenn du in Schwierigkeiten bist und Hindernisse hast, denke an Buddhas sanften und angenehmen Ort und versuche sogar, sein schönes Lächeln nachzuahmen. Dann wird jener Buddha, der direkt vor deinen Augen ist, dir mit einem Lächeln antworten. Versuche heute, den ganzen Tag zu lächeln, ganz gleich, was geschieht.

In jedem menschlichen Geist gibt es Schönheit. Aber entsprechend dem, ob unser Karma leicht oder schwer ist, erscheint entweder jene Schönheit oder sie erscheint nicht.

Menschen, die viel Karma haben, wissen nicht einmal, was Schönheit ist, und führen daher ein Leben ohne sie. Und weil sie nicht wissen, was Schönheit ist, erzeugen sie bei sich und anderen Leiden, während sie leben.

Nur wer weiß, was Schönheit ist, kann wahrhaft erfassen, was Schönheit ist. Viele Menschen folgen, glauben und vertrauen von selbst demjenigen, der weiß, was Schönheit ist und sie besitzt.

Ganz gleich, wie jemand, der nicht weiß, was Schönheit ist, danach strebt, von anderen respektiert zu werden und ihnen überlegen zu sein – er kann dies nicht erreichen.

Schönheit kommt von vor dem Wissen und von vor dem Denken. Es ist schwierig, Schönheit durch Sprache und Worte zu erklären, aber wenn du dein kleines Selbst wegwerfen und dich selbst kleiner machen kannst, erscheint Schönheit. Und wenn du an andere denkst und für andere handelst, erscheint durch dich Schönheit.

Das schöne Leben kommt nicht von außen und nicht von innen. Es entsteht durch eigenes Bemühen und eigenen Einsatz; jeder erzeugt es unmittelbar selbst. Jenes Selbst, das die Schönheit erschafft, bringt uns das schöne Leben.

Von hässlichem Denken zu schönem Denken,
von hässlichem Reden zu schönem Reden,
von hässlichem Handeln zu schönem Handeln –
in jedem Augenblick muss dein Selbst diese Verwandlung bewirken.

Schau auf die wundervolle Natur: die Berge, Ozeane, Länder. Buddha erschuf alle diese schönen Dinge in Buddha, was bedeutet, dass sie aus unserem ursprünglichen Ort erschaffen wurden. Je klarer wir deshalb werden, desto schöner werden wir, weil Buddha (Wahrheit) Schönheit bedeutet. Hässlich bedeutet Karma.*

Praktiziere, um deinen Geist schön werden zu lassen. Ein schöner Geist lässt ein schönes Leuchten aus dem Körper herausstrahlen. Dieses Leuchten ist für andere und macht sie glücklich.

(* Das meiste Karma ist hässlich, aber es gibt auch schönes Bodhisattva-Karma.)

Eine Gitarre hat viele Saiten, jede von ihnen erzeugt einen unterschiedlichen Ton.

Jedes Problem, das wir in unserem Leben haben, scheint ähnlich zu sein, aber sie sind alle verschieden. Auch wartet schon immer ein anderes Problem auf uns, sobald wir eines erledigt haben. Daher haben wir immer viele Dinge zu tun und können nicht ausruhen.

Wenn du glaubst, dass du so viele Dinge zu tun hast und nicht ausruhen kannst, ist Stress immer das Erste, was kommt. Sei zu jenem Zeitpunkt nicht gestresst wegen all der Dinge, die du zu tun hast, glaube nicht, dass sie schwierig sind, und versuche nicht, vor dem davonzulaufen, was du zu tun hast. Denke stattdessen, dass alles, was du tun musst, spannend ist, und schätze es, diese Pflichten zu haben, die dir gegeben wurden.

Habe Ausdauer und Geduld, geradeso, wie wenn du einen Knoten löst, einen Teil nach dem anderen. Dann, während du den Knoten einen Teil nach dem anderen löst, wirst du von Glück erfüllt sein und ganz gleich, wie viele Dinge du zu tun hast, du kannst immer entspannen.

Wenn du in entspannter Weise arbeiten kannst, verschwindet das Gefühl, dass so viele Dinge zu tun sind. Und wenn du ohne das Gefühl arbeiten kannst, dass so viele Dinge zu tun sind, selbst wenn du den Sumi-Berg aufbaust, kommt es dir nicht so vor, als würdest du den Sumi-Berg aufbauen. Auch wenn du an einem Tag viele Male den Berg barfuß hinauf- und herabkletterst, hast du nicht das Gefühl, dass es schwierig war. Das Einzige, was von dem vielen Hinauf- und Hinabgehen zurückbleibt, sind die Schweißtropfen.

Wenn du dich im strahlenden und klaren Spiegel siehst, kannst du erstens deine äußere Erscheinung sehen, zweitens kannst du die Dunkelheit deiner äußeren Erscheinung sehen, drittens kannst du die Sorge in deiner äußeren Erscheinung sehen, und viertens kannst du in deiner äußeren Erscheinung sehen, dass du vor etwas davonläufst.

Aber sieh erstens, was du siehst, als Buddha an, sieh es zweitens als leuchtend und klar, drittens als glücklich und viertens als angenehm. Lass dann alle äußeren Erscheinungen verschwinden, werde eins mit dem Spiegel und beobachte dann wieder, was du siehst:

Was siehst du?

PS: Dies ist eine energetische Lehre.

Lasst uns in unserem Geist Raum haben und mit Raum leben. In unserem Leben werden wir oft durch dies und jenes gefangen und können deshalb nicht wirklich Geist-Raum haben. Wir verlieren uns dann leicht selbst und machen viele Fehler umsonst.

Anstatt strahlende Weisheit zu besitzen, erscheinen in jenem Geist, der keinen Raum hat, immer viel Leid und viele Ängste. Aber wenn unser Geist Raum hat, erscheint immer strahlende Weisheit, und in dieser strahlenden Weisheit erschaffen wir immer Schönheit. Jene Schönheit ist wahre Schönheit und macht jeden schön; deshalb nennen wir jenen Weg: »Diese Welt Buddhas wahrhaft mit Schönheit schmücken.«

Um Geist-Raum zu haben, versuche alles zu vergessen. Aber wenn du etwas nicht vergessen kannst, so lege das, was du nicht vergessen kannst, in das Mantra und wiederhole das Mantra so oft, wie du kannst.

Die Natur, Yin und Yang

Die übernatürliche Kraft der absoluten Energie kann alles bewirken. Diese Kraft wirkt manchmal durch die Form und manchmal ohne die Form nur durch Ursache und Bedingung und die Naturenergie von Yin und Yang.

Wenn Menschen alles loslassen, wenn sie nicht über sich selbst nachdenken und nichts sie hindert, wenn sie einen vollkommen freien Geist haben, dann können sie diese übernatürliche Kraft der Durchdringung nutzen.

Diese übernatürliche Kraft der Durchdringung erlangst du nur durch deine Übungspraxis. Wenn du in der Lage bist, diese übernatürliche Kraft der Durchdringung zu nutzen, vergisst du sogar die eigene Kraft. Mit jenem Geist des Vergessens kommt die durchdringende Kraft von selbst, und jener Geist wird alles erschaffen, ohne irgendetwas zu wollen.

Die Naturenergie ist von Ort zu Ort verschieden. Mit dem menschlichen Geist ist es dasselbe: An manchen Orten ist der Geist positiv, und an anderen Orten ist er negativ, traurig, wütend oder gereizt. Selbst wenn die Menschen ein unterschiedliches Karma haben, so scheint es, dass die am gleichen Ort lebenden Menschen eine ähnliche Persönlichkeit haben. Dies kommt daher, dass sie durch die Naturenergie beeinflusst werden.

Gehe daher hin und wieder an den Ort, dessen Energie zu dir passt, um deine Körperenergie auszugleichen.

Aber wenn du den Geist Buddhas erlangt hast, kannst du an jedem Ort das Paradies erschaffen, denn der Geist Buddhas bringt die Naturenergie ins Gleichgewicht und wird durch nichts behindert. Dieser Geist ist auch der Natur willkommen. Er macht die Natur glücklich, und die Natur schützt den Menschen, der einen Buddha-Geist hat.

Die Erde dreht sich um die Sonne, beginnt ihren Lauf an einem bestimmten Punkt und kehrt zum selben Punkt zurück. Der Mond dreht sich um die Erde, beginnt seinen Lauf an einem bestimmten Punkt und kehrt zum gleichen Punkt zurück.

Mit dem menschlichen Denken ist es das Gleiche. Es beginnt an einem Punkt, wandert umher und kommt zum gleichen Punkt zurück. Ganz gleich, welche Art von Denken erscheint, der Punkt der Rückkehr ist der gleiche wie der Anfangspunkt. Aber während dein Denken umhergeht, ist dieses Denken entweder Yang oder Yin, und dementsprechend verschiebt sich dein Leben.

Wenn das Denken Yang ist, wird das Leben Yang; wenn das Denken Yin ist, wird das Leben Yin. Aber ganz gleich, ob es Yang oder Yin ist, der Anfangspunkt ist immer der gleiche. *Wenn aber das Denken vollkommen verschwindet, verschwindet auch der erste Anfangspunkt.*

Wenn du diese Theorie verstehst, kannst du Meister deines Denkens werden, und gleichzeitig kannst du dein absolutes, wahres Selbst finden. Du kannst jede Art von Leben erschaffen, was immer du willst, ohne von irgendjemandem abhängig zu sein.

PS: Lies diese Lehrrede dreihundertmal.

Menschen haben viele verschiedene Eigenschaften, aber man kann sie im Wesentlichen in zwei Gruppen einteilen: Auf der einen Seite diejenigen, die überwiegend Yin und auf der anderen diejenigen, die überwiegend Yang sind.

Menschen mit mehr Yang-Energie werden meist sehr respektiert, man schenkt ihnen Respekt und Vertrauen, und sie haben schneller Erfolg, aber sie begehen manchmal viele Fehler.

Menschen mit mehr Yin-Energie bekommen nicht viel Liebe von anderen und haben langsamer Erfolg, machen aber weniger Fehler.

Versuche immer, dich selbst zu beobachten, ob du mehr auf der Yin-Seite oder auf der Yang-Seite bist.

Wenn du Yin bist, versuche dich zu Yang rüberzubringen. Wenn du Yang bist, versuche vom Yang wegzukommen und ungehindert frei zu werden, ohne Anhaftungen an keiner der beiden Seiten.

Hast du es mit Menschen zu tun, die viel Yin haben, gehe mit ihnen auf Yin-Weise um und hilf ihnen gleichzeitig, sich von Yin zu lösen. Hast du es mit Menschen zu tun, die viel Yang haben, gehe mit ihnen auf Yang-Weise um und hilf ihnen, vom Yang wegzukommen.

Werde ein freier Mensch, so dass du Yin- und Yang-Energie nach deinen Wünschen nutzen und jeden Tag strahlend und klar leben kannst.

Gedicht zur Hochzeit

Korrekte Situation	Yin und Yang werden eins. Ost und West werden eins. Mann und Frau werden eins. Welches ist also Yin, welches ist Yang? Welches ist Ost, welches ist West? Wer ist Mann und wer ist Frau?
Korrekte Funktion	Alles wird vollkommen gleich. Es macht die ganze Welt angenehm, friedlich und strahlend hell.
Korrekte Beziehung	Nun kann ich dein Gesicht so klar sehen. Oh wunderbares Du. Wie geht es dir? Darf ich dir diesen Yin- und Yang- Kuchen reichen? Öffne deinen Mund.
Augenblick zu Augenblick	Ahhh! Mmmmm! Gut, gut!!!
Absolute Energie	Ich liebe euch alle unendlich.

Gedicht zum Geburtstag

Der Geist, der wahrhaft zum Geburtstag gratuliert, ist das wahre Ich.

Der Geist, der glücklich ist über den Geburtstag, ist das Karma-Ich.

Dieses Karma-Ich schätzt Yin und Yang, und zur gleichen Zeit kommen Yin und Yang ins Gleichgewicht und werden eins. Jenes Eine kann das wahre Ich sehen, das sich jenseits von Yin und Yang befindet, und schätzt daher das wahre Ich. Dann wird das Karma-Ich in Harmonie mit dem wahren Ich gebracht und wird eins mit ihm. Dieses Eine sagt:

»Herzlichen Glückwunsch euch allen, dass ihr in diese Welt geboren seid.

Herzlichen Glückwunsch euch allen, dass ihr in dieser Welt existiert.

Herzlichen Glückwunsch euch allen, dass ihr gemeinsam in dieser Welt existiert.

Herzlichen Glückwunsch euch allen, dass ihr gemeinsam in dieser Welt eure Übungspraxis macht.

Herzlichen Glückwunsch euch allen, dass ihr gemeinsam auf dem Buddha-Weg geht.

Herzlichen Glückwunsch euch allen, dass ihr das große Ziel anstrebt, Buddha zu werden, und dass ihr versucht, Bodhisattva-Taten zu vollbringen.

Herzlichen Glückwunsch euch allen, dass ihr zusammen seid und diese Welt mit Schönheit schmücken wollt.

Herzlichen Glückwunsch zum Geburtstag für euch alle!!!«

Wenn du ruhig in den Bergen mit der Natur lebst, wo es niemand anderen gibt, sehnst du dich danach, einen Freund zu haben, mit dem du dich unterhalten kannst. Während du dich danach sehnst, einen Freund zu haben, erscheint ein Mensch und du wirst überaus glücklich. Aber nachdem ihr einige Tage zusammen verbracht habt, geraten eure Meinungen miteinander in Konflikt, und ihr versucht beide, euch selbst groß herauszustellen und zu zeigen, dass ihr Recht habt.

Dies erzeugt in den ruhigen Bergen viel Lärm, und diese negative Energie wirkt auf die Bäume und Blumen, die verkümmern. Die Vögel singen nicht mehr und verlieren ihre Energie. Dies bedeutet, dass der menschliche Körper und Geist mit der Natur verbunden sind.

Selbst wenn zehntausend Menschen zusammenleben, aber ihr Denken, ihre Rede und ihre Handlungen voll Schönheit sind und sie ihren Geist in schöner Weise benutzen, wachsen zehntausend verschiedene Dinge in der Natur sehr kräftig, und die Natur wird schön.

Wenn ein Mensch negativ denkt, spricht und handelt und den Geist in einer negativen Weise einsetzt, kann die Natur um jenen Menschen herum nicht gedeihen. Dann lodert das Feuer der Natur genauso wie der Hass der Menschen; die Erdbeben erschüttern die Natur genauso, wie die Nervosität und der Neid der Menschen; die Vulkane der Natur speien genauso wie Wut, Neid und Negativität, die nicht länger zurückgehalten werden konnten und ausbrechen; und die Fluten der Natur sind wie die Trauer und Sorgen der Menschen, die zusammenfließen und alle Traurigkeit gleichzeitig ausgießen.

In der heutigen Zeit entsteht die Unausgeglichenheit der Naturenergie nicht nur durch die Natur selbst, sondern auch wegen der Menschen. Um die Naturenergie ins Gleichgewicht zu bringen, sollte jeder so schnell wie möglich seinen Hass, Neid, sein Ego sowie Falsch und Richtig beseitigen. Er sollte sein wahres Selbst finden, wahren Frieden erreichen, einen strahlenden und klaren Geist erlangen und darin schönes Denken, Reden und Handeln haben und alle auf den Weg des Glücks führen. Wenn dies alle tun, wird diese Welt wunderschön, und wir werden nicht durch die Naturenergie leiden.

Während sich die Sonne und der Mond um die Erde drehen, sehen sie immer, was auf ihr vor sich geht. Ganz gleich, was auf ihr erscheint, die Sonne und der Mond machen keine Unterschiede und sehen nur ruhig zu, was sich ereignet.

Ganz gleich, welche schlechte Situation auftaucht, sie schimpfen deswegen niemals. Aber wenn es sehr schlecht ist, handeln sie sehr zornig, machen Blitz und Donner und geben Regen der Liebe und des Mitgefühls, um es den Menschen bewusst zu machen.

Wenn gute Dinge passieren, geben die Sonne und der Mond leuchtendes und helles Licht, machen die ganze Welt strahlend und drehen sich einfach um die Erde, ohne sie zu verlassen oder zu täuschen.

Meine Form (mein Körper) sah und hörte viele Dinge, während sie sich 45 Jahre mit der Erde drehte. Aber im Laufe der Zeit verschwinden alle Erwartungen, Enttäuschungen und der wütende Geist; zur gleichen Zeit kann diese Form sehen, dass alle Lebewesen anmutiger und schöner sind als zuvor. Sie denkt nur daran, wie sie deren Leiden lindern und sie glücklicher machen kann. Dieses Denken wird stärker und stärker, mehr als jemals zuvor.

Wie viel länger soll ich mich mit der Erde drehen, um ihre Wünsche zu erfüllen?

Um die Erde herum ist unendlicher Raum. Dieser Raum gehört nicht einem Menschen. Er gehört allen.

Wenn du daher ein schwieriges Problem hast, hafte nicht nur an kleinen Dingen und leide daran. Denke an den unendlichen Raum, der die Erde umgibt, dann wird dein Kopf klar werden. Dann kannst du dich selbst ohne Kopfschmerzen um schwierige Dinge kümmern, denn dieser Raum gehört jedem und ist mit allen verbunden.

Wenn du an den Raum denkst, gibt es keine Blockaden zwischen dir und anderen; darum kannst du schwierige Dinge ohne Kopfschmerzen erledigen.

Wenn dein Geist in einem engen Raum ist, denke an den großen Raum. Aber wenn dein Geist in einem großen Raum ist, betrachte alle Dinge sehr sorgfältig und genau; wie auf einer kleinen Nadelspitze.

Nach dem Wissen von Fong Su (Energie der Natur) gibt es Orte, die Energie wegfließen lassen, und Orte, die Energie halten.

Die Menschen haben Schwierigkeiten, an Orten angenehm zu leben, die Energie wegfließen lassen: Die Dinge arbeiten nicht so für sie, wie sie möchten, und sie ziehen daher eventuell weg.

Aber die Menschen leben angenehm an Orten, die die Energie halten. Jene Orte ziehen die Menschen an, dorthin zu kommen und dort zu bleiben; und an jenen Orten entstehen häufig interessante Schöpfungen, die alle locken.

Wenn Menschen in Asien ein Haus bauen, Land kaufen oder von einem Ort zum anderen ziehen, suchen sie einen derartigen Ort, der die Energie hält, geradeso wie der menschliche Tan Chun (der Punkt unter dem Nabel). Aber wenn an Orten, die Energie verlieren, der Geist der Menschen sauber ist und sie viele gute Dinge für andere tun, dann halten ihre hohen Absichten die Energie und machen diese Orte attraktiv für viele.

Wahres Ich, Karma und das Gesetz von Ursache und Wirkung

Das wahre Ich kommt aus der Welt Buddhas. Das wahre Ich wird Buddha und schützt die Welt Buddhas. Das wahre Ich will die Welt Buddhas schön machen; darum führt es uns auf den Buddha-Weg, damit jeder zum Buddha wird.

Das wahre Ich, das aus der Welt Buddhas kam, ist mit der Natur verbunden und kann nicht von ihr getrennt werden. Aufgrund dieser Verbindung existiert und handelt das wahre Ich.

Wenn das wahre Ich die Natur achtet, sie schützt und schön macht, vollzieht es seine korrekte Funktion. Dann folgt die Natur auch dem Ziel des wahren Ich, schützt es und sorgt für das wahre Ich. So führt das wahre Ich auch die Natur auf den Weg Buddhas und hilft ihr, ein Buddha zu werden. Jene Welt, in der jeder ein Buddha wurde, leuchtet bereits im ganzen Universum.

Bitte macht die Übungspraxis, um jenes wahre Ich zu finden.

Der hohe Berg Sumeru ist nicht höher als das wahre Ich. Ein Senfkorn ist klein, kann aber nicht kleiner sein als das wahre Ich. Wenn das wahre Ich auf den Berg steigt, wird es ein Baum; wenn das wahre Ich ins Meer geht, wird es ein Fisch, wenn es an Land geht, wird es ein Mensch. Wenn du dieses Ich in eine große Kiste legst, dann füllt es die große Kiste aus; wenn du es in eine kleine Schachtel legst, dann füllt es die kleine Schachtel aus.

Dieses Ich hat keinen Namen und keine Form. Aber unsere menschliche Form kann dieses Ich noch nicht sehen. Diese Form will immer zu einem anderen Ort entfliehen und versinkt in der Hölle. Aber wenn diese Form sieht, dass der Himmel blau und der Teppich rot sind und den Gesang des Vogels richtig hört, dann wird sie eins mit diesem Ich und handelt zusammen mit ihm: Wo auch immer diese Form geht, erschafft sie ein Paradies und lässt Glück entstehen.

Wenn du in dieser Welt bist, werde nicht von deinem Karma-Ich umhergestoßen. (Karma-Ich bedeutet: deine eigenen Bedingungen, deine eigene Rechthaberei und deine eigene Meinung.) Dieses Karma-Ich erscheint von Augenblick zu Augenblick und verwirrt dich.

Mach dieses Karma-Ich zu deinem eigenen Sklaven, und benutze es als deinen treuen Diener. Wenn du das tun kannst, ist dein wahres Ich immer entspannt, fühlt sich wohl und macht andere glücklich. Denke daran, dein Karma-Ich bewirkt stets Trennung von anderen, stört andere und lässt sie leiden.

Beobachte dich daher von Zeit von Zeit genau in jedem Moment: Welches ist dein Karma-Ich und welches ist dein wahres Ich? *Erkenne dies: Wenn ein anderer sich wahrhaft wohl fühlt und glücklich ist, ist das dein wahres Ich.* Wenn ein anderer nicht glücklich ist, ist das dein Karma-Ich. Der Grund ist, dass es im Inneren der absoluten Wahrheit den angenehmsten und ruhigsten Ort gibt – ohne Unterscheidung und ohne Diskriminierung.

PS: Was bedeutet der hervorgehobene Satz für dich?

Menschen schauen auf andere, wie es ihrem eigenen Karma entspricht. Deshalb haben die einzelnen Menschen alle verschiedene Meinungen, wenn sie den Buddha sehen.

So wie man den Buddha anschaut, so formt man sich selbst. Wenn du den Buddha sehr achtungsvoll und voller Verehrung ansiehst, macht dich jene Sichtweise zu einem achtungsvollen und wundervollen Menschen. Aber wenn du den Buddha voller Missachtung und Geringschätzung betrachtest, dann wirst du ein missachtender und verächtlicher Mensch.

Genauso ist es mit dem Meister und den Partnern. Wenn du dem Meister Achtung entgegenbringst und seine Lehren befolgst, wirst du von anderen geachtet und du kannst ein Führer und Lehrer für andere sein. Das Gleiche gilt, wenn du deinen Partner achtest und liebst, dann wirst du zu einem Menschen, der Achtung und Liebe von seinem Partner bekommt.

Baue dir in dieser Welt der Gegensätze deine eigene Welt voller Wertschätzung und Glanz. Dies ist die eine große Methode, um das Spinnennetz zu zerreißen.

Fühle dich nicht den ganzen Tag lang unwohl, nur weil du gegen Morgen einen schlechten Traum hattest. Wiederhole das Mantra, bis das schlechte Gefühl verschwindet.

Dieser Traum mag aus dem Karma oder aus Phantasien entstanden sein, oder er mag eine Vorahnung sein. Doch schlechte Träume entstehen meist aus Verblendung. Auch wenn dein Körper schwach ist, kannst du einen schlechten Traum haben.

Hafte nicht an schlechten Träumen, und wenn du welche hast, mache intensivere Übungspraxis, iss gut und trainiere deinen Körper. Wenn du einen guten Traum hast, verbringe den Tag mit einem guten Gefühl.

Denke daran: Alle Träume sind von dir selbst erzeugt. Statt also von ihnen gefangen zu werden, schaue sie an. Wenn du einen schlechten Traum hattest, lerne es, einen guten Traum zu erzeugen. Dies bedeutet, dass dein wahres Selbst alles tun kann, was du willst, weil du es selbst machst.

Wenn du also morgen einen guten Traum träumen willst, dann habe jetzt einen guten Gedanken. Willst du einen schönen Liebestraum haben oder davon träumen, reich und erfolgreich zu sein, dann habe in diesem Augenblick einen guten Gedanken.

Das »Nicht-Ich« erhält seine Form zusammen mit einem existierenden Karma. Diese Form vergisst das »Nicht-Ich«; es hat nur die Erinnerung und den Glauben an das Karma-Ich. Außerdem: Während dieser Körper (Form) das Leben lebt, respektiert und glaubt er nur an sein Karma-Ich und beharrt deshalb immer auf seinem Denken und seinen Meinungen. Wenn das »Nicht-Ich« dies sieht, kommt es ihm lächerlich und schrecklich vor; es hat immer den Wunsch, dass das Karma-Ich verschwindet und wartet darauf, dass dies geschieht. Aber wenn das Karma-Ich zu stark ist, wird es vom »Nicht-Ich« von Zeit zu Zeit bestraft. Dann ist das Karma-Ich überrascht und erwacht aus der Dunkelheit. Schließlich stellt es sich die großen Fragen: »Wer bin ich? Was bin ich?« Während du dir diese Fragen stellst, vergiss alles und lege alles ab. Dies ist der großartige Weg, mit dem »Nicht-Ich« eins zu werden.

Wenn du zwischen dem Karma-Ich und dem wahren Ich unterscheiden kannst, dann bist du in der Lage, den korrekten Weg Buddhas zu gehen. Das wahre Ich beobachtet stets das Karma-Ich; was es denkt und wie es handelt. Es beobachtet immer.

Das wahre Ich hält sich stets am strahlenden, klaren, angenehmen und ruhigen Ort auf. Wenn es also einen angenehmen, ruhigen und schönen Ort gibt, geht das wahre Ich dorthin und versorgt dich mit allem, was du benötigst, und macht dich glücklich.

In unserem menschlichen Geist gibt es das Karma-Ich und das wahre Ich. Deshalb empfinden die Menschen oft, dass sie zwei verschiedene Persönlichkeiten haben. Aber es gibt keine zwei Persönlichkeiten. Weil wir in unserem Geist eine Seite haben, die das Karma-Ich ist, und eine andere, die das wahre Ich ist, denken wir, dass wir zwei verschiedene Persönlichkeiten haben.

Wenn du dich sehr unwohl fühlst und wütend, niedergeschlagen und negativ bist, wird dies durch dein Karma-Ich erzeugt. Denke dann sofort an die *strahlende und angenehme* Seite. Jenes *strahlende und angenehme* Denken beseitigt das Karma-Ich und bringt dich in das wahre Ich.

Strenge dich daher immer an und mache deine Übungspraxis, um dich selbst in das wahre Ich zu bringen. Dies ist die Übungspraxis, um ein Buddha zu werden.

Wer die Liebe nicht kennt, ist stets barsch in Rede, Handeln und Denken, stört immer andere und lässt sie leiden. Wer die Liebe kennt, bewirkt, dass andere sich wohl fühlen und glücklich sind, selbst wenn er grob redet, handelt und denkt. Das Karma-Ich kennt keine Liebe; es hat nur Ego. Wahre Liebe strömt immer, ist demütig und lebt für andere.

Mache deine Übungspraxis aufrichtig und energisch, beseitige das Karma-Ich und finde das wahre Ich, so dass du Respekt und Liebe von anderen bekommen und ihnen wahre Liebe geben kannst. Und sei gleichzeitig dankbar für die Liebe. Sei immer glücklich, ruhig, entspannt und fühle dich wohl.

Vor den Augen des Karma-Ich ist Buddha auch Karma-Ich. Vor den Augen Buddhas ist das Karma-Ich auch Buddha. Buddha hat keine Angst, vor dem Karma-Ich zu erscheinen. Aber das Karma-Ich hat Angst, vor Buddha zu erscheinen. Daher setzt das Karma-Ich Buddha immer herab, beklagt sich über ihn und versucht, Buddha dem Karma-Ich gleichzusetzen. Wenn es das tut, wird das Karma-Ich sehr glücklich.

Aber ganz gleich, welche Herabsetzung oder Klage Buddha erfährt, Buddha tadelt niemals das Karma-Ich. Selbst wenn Buddha verletzt wurde, will er immer das Karma-Ich auf den korrekten Weg führen.

Macht stets die Übungspraxis und strebt danach, das Karma-Ich in einen Buddha zu verwandeln. Buddha hat das große Gelübde abgelegt, dass er nicht ins Nirvana eingehen wird, bevor nicht jedes Karma-Ich in Buddha verwandelt ist.

Das Ich, das kein Ich hat, ist ohne Raum für das Ego.
Im Ich, das das Ich hat, wird das Ego zum Chef. Dieses Ego-Ich
kann das Nicht-Ich weder sehen noch denken; es kann sich nur
in der Phantasie vorstellen, dass es das Nicht-Ich sieht.
Das Ego wird immer wieder geboren, erscheint in der Welt
und erzeugt Leiden während der Zeit von Geburt, Leben und
Tod. Wenn du das Ego beseitigst, verschwindet das Ich. Wo
ist dann das Ich? Wo ist das Ich, das kein Ego hat?
Das Lächeln der Buddhas von Yun Hwa Dharma Sah ist voll
Tiefe und Schönheit.

Wenn du in der dunklen Wolke bist, siehst du alles verdunkelt. Dein Denken ist verdunkelt, und gleichzeitig weißt du
nicht, in welcher Weise du redest und handelst; du kannst es
nicht erkennen. Dabei störst du andere und lässt sie leiden,
aber du erkennst nicht, dass du das tust.
Praktiziere energisch, komme heraus aus der dunklen Wolke
und gehe den Weg der Klarheit. Dies ist die Methode, um
aus der dunklen Wolke herauszukommen: Wenn dich jemand beschimpft oder sich über dich beklagt und du sehr
wütend wirst, dann sieh unmittelbar jenen wütenden Geist.
Jener Hass ist in Wirklichkeit dein Karma aus deinem vergangenen Leben, das du in dieses Leben mitgebracht hast.
Wenn du dieses Karma erkennst, dann nimm dir fest vor, es
nicht wieder zu tun. Achte gleichzeitig den Menschen, der
sich über dich beklagt oder dich beschimpft hat. Versuche,
andere zu verstehen und begegne allen mit Liebe. Dieser Geist
der Liebe ist mit deiner Wahrheit verbunden, die dich davor
behüten wird, in die dunkle Wolke zurückzufallen.

Buddhas lächelndes Gesicht ist immer strahlend und klar. Aber ein verblendeter Mensch macht dieses Gesicht wütend und traurig. Wohin gehen jene Wut und jene Traurigkeit? Sie gehen zu dem Menschen, der sie erzeugt hat. Wenn jemand Buddhas Gesicht glücklich und zufrieden macht, wohin geht dieses Glück? Es geht zu dem Menschen, der es erzeugt hat. Und wenn du Buddha oberflächlich und überheblich behandelst, nur weil er immer lächelt, wohin geht das?

Denke über all das nach, und sieh deine Handlungen, dein Denken und Reden.

Das Leben im Karma ist ein eigennütziges Leben, in dem man nur für sich selbst sorgen möchte: Weil man die Lebensumstände anderer nicht beachtet, redet, handelt und denkt man nur für sich selbst. Das verletzt andere, und jenes Leiden kehrt zu einem selbst zurück.

In einem Leben außerhalb des Karma denkt man mehr an andere als an sich selbst, respektiert die Meinungen und Ideen anderer und achtet mehr auf die Lebensumstände der anderen als auf die eigenen. Ein derartiger Mensch will, dass andere sich wohler fühlen als er selbst. Er ist glücklich, wenn jemand anders glücklich ist. Wenn jemand anders unglücklich ist, fühlt er sich selbst unglücklich.

Das Karma-Leben ist das kleine Ich. Das Leben, welches das Karma transzendiert hat, ist das große Ich. Das große Ich ist ein Leben für andere, es ist Bodhisattva-Leben.

Denke daran, das Karma-Auge ist klein wie das Nadelöhr, aber das Auge, welches das Karma überwunden hat, ist größer als der Ozean.

Wenn ein Schauspieler oder eine Schauspielerin auf der Bühne stehen und über das eigene Ich nachdenken, können sie nicht die Rolle spielen, die ihnen gegeben worden ist. Sie werden Klagen von anderen bekommen und ihre Stellung als Schauspieler oder Schauspielerin verlieren.

Wenn du entsprechend deiner Stellung über dein Ich nachdenkst, während du deine Pflichten und Aufgaben erfüllst, kannst du deine Pflichten nicht korrekt erfüllen und deine Stellung nicht halten. Außerdem werden dir andere nicht vertrauen und dich nicht respektieren; du wirst schließlich ein unzuverlässiger Mensch, verlierst dich und hast Schwierigkeiten, erneut eine gute Chance zu bekommen.

Wenn du entsprechend deiner Stellung die Pflichten und Aufgaben hundertprozentig tust, kannst du dein bedingtes kleines Ich überschreiten und dein bedingungsloses wahres Ich finden; du kannst deine Stellung halten und deine Pflichten und Aufgaben korrekt erfüllen.

Was ist das Wichtigste auf der Welt? Es ist das Leben der Übungspraxis. Was ist die größte Freude auf der Welt? Es ist, die Erleuchtung zu erlangen. Was ist das Schwierigste auf der Welt? Es ist, ein langes Leben zu leben, ohne krank zu werden.

Zu praktizieren und Erleuchtung zu erlangen ist, als ob man das kostbarste Juwel der Welt besitzt. Mit jenem Juwel kannst du machen, was du willst, und du brauchst kein Ego, keinen Hass, keinen Neid, keine Qual oder keine Sorgen zu haben.

Aber unser Körper ist anders. Weil er von der Natur geliehen ist, musst du ihn eines Tages an die Natur zurückgeben.

Schätze ihn daher, habe einen ruhigen Geist, der sich wohl fühlt, und tue viel Gutes für andere, während du diesen Körper besitzt: Dann kannst du ein langes Leben ohne allzu viele Krankheiten führen.

Aber wenn du wegen deines Karmas aus dem letzten Leben krank wirst und diesmal kein langes Leben lebst, und wenn dein Geist sich wohl fühlt und du anderen Gutes tust, gibst du der Natur das zurück, was der Natur gehört, und dann wirst du im nächsten Leben weniger krank sein und länger leben.

Wenn du einen Stein in den ruhigen Ozean wirfst, der stumm daliegt, gemächlich strömt und es jedem angenehm macht, und du dann sagst, dass der Ozean rau und wütend und dass er nicht blau ist, wie verblendet ist deine Klage über den Ozean?

In allen Dingen ist es so, dass du bekommst, was du tust. Welche Saat du auch immer säst, so wirst du ernten. Wenn du dich darüber beklagst, dass deine Lage nicht gut, dein Leben nicht angenehm ist und dass du keine Freude hast, so ist das dadurch entstanden, was du selbst getan hast.

Klage nicht über bestimmte Ergebnisse; sieh deren Ursachen. Und wenn eine von ihnen fehlerhaft ist, bringe sie sofort in Ordnung. Die Ergebnisse werden zu Klage und Enttäuschung, wenn sie durch Ego, den Versuch, zu prahlen und auch mangelnde Achtung vor anderen verursacht sind.

Wenn du die Ursache kennst und darin etwas Falsches ist, bringe es in Ordnung. Nachdem du es in Ordnung gebracht hast, vergiss alles und gehe, ohne etwas zu sagen, wie ein ruhiger Ozean. Dann wird jene Freude den ganzen Ozean erfüllen.

Bis das wahre Ich zum Shakyamuni Buddha wurde, hatte Prinz Siddhartha 29 Jahre lang viele Zweifel, Fragen und Leiden. Obwohl er ein so luxuriöses Leben lebte, machte ihn all sein Luxus nicht glücklich. Sein luxuriöses Leben war eine karmische Wirkung, die vom guten Karma kam, das er in jenem früheren Leben erzeugt hatte.

Aber Prinz Siddhartha war nicht damit zufrieden, nur diese gute karmische Wirkung zu haben. Er hatte eine Ahnung, dass da etwas sehr Wichtiges hinter dem Karma ist und deshalb wollte er jenes sehr wichtige Ding finden. Deshalb verfiel er seinem luxuriösen Leben nicht, und um jenes wichtige Ding zu finden, verließ er sein Zuhause und machte sechs Jahre lang asketische Übungen.

Danach fand er jenes wahre Ich, das vom Karma verdeckt gewesen war. Er erkannte, dass dieses wahre Ich tatsächlich er selbst war, der Buddha ist; das ist der Grund, warum er im Alter von 35 Jahren Shakyamuni Buddha wurde. Jener Shakyamuni Buddha lehrte 49 Jahre lang und ging dann ins Nirvana ein.

Dass er in das Nirvana einging, bedeutet, dass jener Shakyamuni Buddha seine karmische Kleidung ablegte. Im wahren Ich wechselt er seine Kleidung, Leben für Leben, ohne Ende und erscheint in dieser Welt, beseitigt die Dunkelheit der Lebewesen, lehrt sie und führt sie auf den Weg des Buddha. Jetzt, in diesem Augenblick, wo ist Shakyamuni Buddha? Finde Shakyamuni Buddha an diesem heutigen Tag, der Buddhas Nirvana-Tag ist.

Du, der in Buddhas Liebe lebt,
warum bist du heute so wütend und enttäuscht, und warum
hast du einen so finsteren Blick?
Deine Wut, deine Enttäuschung und dein finsterer Blick sind
alle von dir selbst gemacht. Weißt du das oder nicht?
Wenn du das weißt, lass deine Wut los, vergiss deine Ent-
täuschung und öffne deinen finsteren Blick.
Wenn wir sterben, wird unser Körper nur eine Hand voll
Asche.
Du, dessen Asche nicht einmal ein Kilo wiegen wird,
warum versuchst du, dich so bedeutend zu machen?
Warum bist du so überheblich?
Warum spielst du dich so auf?
Versuche nicht, in diesem Leben jenes leichtgewichtige
Selbst, welches das Nicht-Selbst ist, schwer zu machen, und
trage diese Last nicht mit dir in dein nächstes Leben.
Gib den anderen alles von dir.
Wenn du in diesem Leben leicht leben kannst, werden dich
alle glücklich machen, und jeder wird dir Geschenke geben.
Jene Geschenke werden Tausende von Kilos wiegen, und jene
Tausende von Kilos werden dich glücklich machen und dich
leuchten lassen, Leben für Leben.

PS: Dies ist eine sehr wichtige Lehrrede.

Während man sich in der Karma-Welt aufhält, ist es eine große Auszeichnung und etwas ganz Besonderes, zu versuchen, die Welt des Nicht-Selbst und den Ort Buddhas kennen zu lernen. Das Karma-Ich sieht nur mit den Augen, hört mit den Ohren, berührt mit den Händen und denkt, dass dies die wahre Welt sei. Die Augen, Ohren und Hände des Karma-Ich sind nicht die Wahrheit, aber das Karma-Ich glaubt dies nicht. Aus diesem Grund wird das Karma-Ich von dem gefangen, was es sieht, hört und fühlt. Auch läuft man, wenn man im Karma-Ich ist, ständig umher, und es ist deshalb schwierig, sich vorzustellen, dass es eine Welt des Nicht-Selbst gibt.

Wenn ein solches Karma-Ich versucht, die Welt des Nicht-Selbst zu erfahren, hat es anfangs viele Schwierigkeiten. Es ist genauso, als würde ein Tiger Gras fressen, der daran gewöhnt ist, Fleisch zu fressen; es ist schwierig für ihn, es zu verdauen. Und wenn eine Kuh, die gewohnt ist, Gras zu fressen, Fleisch frisst, hat sie ebenfalls Schwierigkeiten, es zu verdauen. Wenn aber ein Mensch Fleisch isst, der daran gewöhnt ist, Gemüse zu essen, kann er es verdauen. Und wenn ein Mensch Gemüse isst, der daran gewöhnt ist, Fleisch zu essen, so kann er es verdauen. Menschen haben diese Art von anpassungsfähigem Körper.

Wenn ein Mensch sich entschließt, etwas zu tun, kann er alle Schwierigkeiten und Hindernisse, die auf seinem Weg erscheinen, überwinden; er kann die Welt des Nicht-Selbst erlangen und selbst ein Buddha werden.

Zu versuchen, die Welt des Nicht-Selbst kennen zu lernen, ist bereits der Weg in die Welt des Nicht-Selbst und der Weg, ein Buddha zu werden. Deshalb ist es eine große Auszeichnung und etwas ganz Besonderes, zu versuchen, die Welt des Nicht-Selbst und den Ort Buddhas zu erkennen.

Jeder menschliche Körper und Geist hat sein eigenes individuelles Karma, je nachdem, wie der Mensch handelt, denkt und spricht. Wenn unser Körper und Geist verschwinden, bleiben die Taten und Reden, aber im Laufe der Zeit verschwinden auch sie. Wenn unsere Taten und Reden jedoch für alle waren, bestehen sie ohne Ende.

Erscheinen, Verschwinden, wieder Erscheinen und wieder Verschwinden – dies sind der menschliche Körper und Geist, was bedeutet, dass sie vergänglich sind.

Daher wandelt sich das eigene Leben, je nachdem, wie man seinen vergänglichen Körper und Geist einsetzt. Wenn du sie in einer guten Weise einsetzt, hast du ein gutes Leben, und wenn du sie in einer schlechten Weise einsetzt, hast du ein schlechtes Leben.

Aber wenn du deinen Körper und deinen Geist für andere einsetzt, ohne durch Erscheinen und Verschwinden behindert zu sein, wirst du ein unbegrenztes leuchtendes Leben haben, und du wirst dein Karma so gestalten, wie du willst. Dann, wenn du in diese Welt zurückkommen willst, wirst du zurückkommen, und wenn du verschwinden willst, dann verschwindest du. Es ist gerade so, als ob man immer einen Platz im Flugzeug hat, ohne ein Ticket vorbestellen zu müssen. Du bist ein ewiger Reisender, und wohin auch immer du gehst, wirst du dich am Leben erfreuen, und du wirst ein ewiges unbegrenztes Leben führen.

Dharma

Der Buddha sagte: »Vertraue nicht den Menschen und vertraue nicht einmal mir. Vertraue nur dem Dharma und baue darauf.«

Das Dharma ist die Wahrheit und das wahre Ich. Es ist die 0. Behalte es immer im Auge, vertraue dem Dharma, glaube daran und baue dein Leben auf der 0 auf.

Aber wer gibt das Dharma weiter? Es sind Buddha und die Meister. Verlasse dich auf die Dharma-Lehre der Meister und werde von ihrer Energie unterstützt, die ebenfalls das Dharma ist. Dies sind die Gründe, weshalb wir dem Buddha und den Meistern Respekt entgegenbringen. Indem wir ihrer Lehre vertrauen, finden wir unser wahres Selbst.

Wenn du dich vor mir, Dae Poep Sa Nim, verbeugst, so sind die Verbeugungen nicht für mich, sondern das Dharma empfängt die Verbeugungen. Das ist so, weil das Dharma durch diesen Form-Körper verbreitet und die Energie übertragen wird.

Etwas ist Nichts. Nichts ist Etwas.

Wenn du dem Etwas anhaftest, fällst du in die Vergänglichkeit.

Wenn du dem Nichts anhaftest, fällst du in die Leere.

Sei nicht verzaubert durch das Lächeln der Buddha-Statue. Sieh *jenes Ding*, das die Buddha-Statue sieht. Dann kannst du den lebenden Buddha vor der Statue des Buddha sehen. Jener lebende Buddha verwandelt Vergänglichkeit in Beständigkeit und Leere in Existenz.

Von Zeit zu Zeit und von Ort zu Ort verwandelt sich jener lebende Buddha in verschiedene Körper. Er sieht dich, hilft dir und führt dich auf den Buddha-Weg; er lebt ohne Ende im Nicht-Nirvana des Nirvana.

Was also ist dieser lebende Buddha?

»Buddha!!«

»Ja!!«

PS: Dies ist eine sehr wichtige Lehrrede; sie fasst zusammen, was ich auf dem Frankfurter Retreat, dem letzten Retreat dieses Jahres (1993), gelehrt habe.

Lies sie immer wieder.

Ganz gleich, was für eine Situation besteht, es gibt immer Blockaden und Hindernisse. Selbst wenn dein Ziel und deine Absicht klar sind, gibt es immer Hindernisse, während du in jene Richtung gehst. So kommt es häufig vor, dass du an dir selbst zweifelst, während du in diese Richtung gehst. Wenn du deine Hindernisse und Blockaden nicht aufbrechen kannst, stoppst du deinen Weg, und das erzeugt Leiden und ist unnütz. Wer die Hindernisse und Blockaden überwindet, ist der erfolgreiche Mensch. Wer die Hindernisse und Blockaden nicht überwinden kann, scheitert immer, egal was er tut.

Wenn du zum Beispiel einen Brunnen gräbst, so grabe nur ein einziges Loch. Gib nicht auf, während du gräbst, nur weil da ein großer Stein ist; gib all deine Energie und dein Leben hinein, um jenen Stein zu entfernen. Dann wirst du unter dem Stein köstliches Wasser finden, das auf dich wartet.

Schlaue und intelligente Menschen verletzen sich selbst und andere. Verblendete Menschen verletzen die anderen. Aber weise Menschen schaffen Gutes für sich selbst und für andere.

PS: Im letzten vergangenen Jahr habe ich die tägliche Lehrrede an jedem Tag herausgegeben. Einige verstehen, verdauen und schätzen sie, aber andere verstehen sie nicht und wissen nicht, wie sie sie verarbeiten sollen; sie stimmen häufig den Lehrreden nicht zu. Wenn ich jemanden sehe, der die Lehrrede nicht verdaut und sie nicht mag, tut mir das weh, aber das macht nichts. Der Grund, warum dieser Mensch die Lehrrede nicht mag, liegt darin, dass er meint, er kenne sie bereits, und das Gefühl hat, diese Lehrrede sei nichts Großartiges für ihn. Dies bewirkt, dass sein Ego größer wird.

Wenn es keine Lehrreden gibt, wie wärest du in der Lage, dich selbst zu sehen und zu beurteilen, wie viel du weißt? Diese täglichen Lehrreden sind für jenen Menschen, der alles weiß, für den, der nicht alles weiß, und für den, der bereit ist zu lernen. Die Lehrreden sind für alle da.

Wer die Lehrreden kennt, schätze sie nicht gering. Auch wer die Lehrreden nur teilweise versteht, sei nicht entmutigt. Ich möchte nur, dass du die Lehrreden jeden Tag liest, dich selbst und die dahinter stehende Bedeutung siehst.

PPS: Warum habe ich das obige PS in diese Lehrrede eingefügt?
Denke darüber nach.

Vor über 2.500 Jahren wollte Shakyamuni Buddha wissen, was es innerhalb und was es außerhalb des Spinnennetzes gibt. Weil er das erkennen wollte, verließ er heute vor über 2.500 Jahren sein Zuhause.
Nach sechs Jahren asketischer Übung fand er das wahre Ich, das außerhalb des Spinnennetzes ist. Mit jenem wahren Ich und der Weisheit fand er, dass man selbst innerhalb des

Spinnennetzes glücklich, ruhig und angenehm leben kann.
Deshalb ging er wieder zurück in das Spinnennetz und zeigte
uns mit seiner Weisheit die Methoden, wie wir durch dieses
Leben des Spinnennetzes gehen können.

Bis heute verwenden wir seine Weisheit und seine Übungsmethoden, und deshalb wird es innerhalb des Spinnennetzes
strahlender; seine Lehren leuchten ewig.

Wir sollten Shakyamuni Buddha danken, der das große
Gelöbnis und das große Ziel hatte, alle Lebewesen zu retten.
Danken wir ihm besonders für seine Lehren.

Es gibt keinen Ort, an dem das Dharma nicht existiert. Die
Lebewesen leben im Dharma.

Das Dharma ist nicht nur im Tempel. Wenn du das Dharma
bewahren kannst, während du außerhalb des Tempels bist,
ist das der wahre Weg; denn im sozialen Leben kann uns ein
Geist voller Gier und Bedürfnisse verleiten, das Dharma zu
vergessen.

Der Erfolgreiche hält sich im sozialen Leben an das Dharma
und die Gelöbnisse.

Der wahre Tempel muss im eigenen Geist sein.

Das Dharma-Zentrum ist der Ort der Wahrheit und der Energie. Dort zu leben heißt, die Wahrheit zu suchen, dein wahres
Ich zu finden, die Übungspraxis zu machen, um frei von Karma
und ein vollständig freier Mensch zu werden. Nicht jeder kann
diese Gelegenheit haben; sie ergibt sich nur für die Menschen,
die ein besonderes Karma haben. Verpasse diese Chance nicht
und schätze sehr, dass du die Möglichkeit hast, dort zu leben.

Denke daran, das Dharma-Zentrum ist dort, wo wahre Liebe und Mitgefühl sind. Mache dort intensiv die Übungspraxis und bringe dich dazu, erfolgreich zu werden.

Wenn aber jemand in einem Dharma-Zentrum lebt und die Übungspraxis nicht macht, träge und untätig wird und sich nicht an die Regeln hält, stört er die anderen. Ganz gleich, wo ein solcher Mensch in der Welt draußen geht, er wird bei anderen nicht willkommen sein und ein leidvolles Leben erzeugen. Wenn du in einem Dharma-Zentrum lebst, versuche deine täglichen Schwierigkeiten zu beseitigen, und nutze diese großartige Gelegenheit, die Wahrheit und die Buddhaschaft zu erreichen und dein Leben frei und klar zu führen.

Es gibt zwischen der Form von Shakyamuni Buddha und unserer menschlichen Form keinen Unterschied. Augen, Ohren, Nase, Mund, Körper und Geist sind alle gleich. Wie aber kommt es, dass Shakyamuni ein Buddha wurde, während wir Menschen noch in der Welt der gewöhnlichen Lebewesen sind? Denke darüber nach.

Shakyamuni Buddha erkannte den Ort des Geistes, was der Geist ist und gleichzeitig, wie man diesen Geist korrekt einsetzt. Dadurch hatte er unschätzbare Weisheit. Diese Weisheit wurde eins mit der absoluten Welt und wurde dann zur unübertroffenen übernatürlichen durchdringenden Kraft. Darum wurde er ein Buddha, obwohl er dieselbe menschliche Form hatte.

Solange wir Menschen die Übungspraxis machen, um zu wissen, was der Ort des Geistes und was dieser Geist ist, werden auch wir Buddhas.

Unsere tägliche Lehre ist zu lernen, den Ort des Geistes zu erkennen, und zu wissen, wie man den Geist einsetzt. Deshalb wird diese Methode »Dharma« genannt. Indem du dich auf das Dharma verlässt und die Übungspraxis machst, wirst du selbst ein Buddha.

Wir nennen das Haus, in dem das Dharma gelehrt wird, »Dharma Sah«. Sorge für jedes Dharma Sah wie für deinen eigenen Körper; bemühe dich, es genauso sauber und schön zu halten wie deinen Geist, so dass viele Menschen kommen und die Lehre und den Schutz erhalten.

Der Pfeil des Dharma kennt keine Vorliebe oder Sentimentalität. Ganz gleich, wen dieser Pfeil trifft, wo auch immer es Verblendung und Unwissenheit gibt, er fliegt direkt dorthin. Wenn dich dieser Pfeil trifft, werde nicht wütend und leide nicht. Dieser Pfeil beseitigt deine Verblendung und erweckt dich aus der Unwissenheit. Wenn der Pfeil zu dir kommt, begrüße ihn freudig und sei dankbar dafür. Werde gleichzeitig nicht betrübt, weil du starke Verblendungen hast und noch in der Unwissenheit bist. In jenem Augenblick heile deine Wunden durch deine Übungspraxis. Die Übungspraxis verwandelt die Menschen von der Unvollkommenheit zur Vollkommenheit und macht dich zu einem korrekten Menschen, der die korrekten menschlichen Aufgaben erfüllt.

Im Gang des Jahres gibt es Frühling, Sommer, Herbst und Winter. Das Wetter bringt Regen, Donner, Schnee, Sonne ... Die Zustände unseres Lebens sind genauso: Wir erleben viele Veränderungen. Unser Geist wandelt sich fortwährend. Lass dich nicht einfangen von den Veränderungen, und lass nicht die Unterscheidung von »Mögen« und »Nicht-Mögen« entstehen. Wenn es gut ist, freue dich darüber, wie es ist. Wenn es schlecht ist, nimm es hin, wie es ist. Sei deswegen nicht negativ, nur weil es nicht so ist, wie du willst.

Wenn du wütend wirst, weil dir etwas nicht passt, so bedeutet dies, dass dein Übungsweg noch nicht tief ist. Was auch immer du siehst und was auch immer du hörst: Sieh es einfach, höre es einfach und gehe hindurch. Dann kannst du das wahre Dharma hinter der Statue von Buddha wahrnehmen.

Wenn du nicht weißt, was du wirklich willst, sei nicht niedergeschlagen und versuche nicht herauszufinden, was du wirklich willst. Versenke alles im vorzüglichen Dharma und lass kein Denken aufkommen. Versenke alles im Dharma.

Erschaffe dich selbst im herrlichen Dharma und führe dich selbst zu dem korrekten Weg. Das vorzügliche Dharma wird dir zeigen und dich lehren, was du wirklich willst, und wird dir helfen, es zu bekommen.

Denke daran: Was du jetzt gerade tust, ist genau das, was du tun wolltest. Vergiss das nicht.

Beklage dich nicht, dass du so viele Dinge tun musst, während du dein Leben lebst. Beklage dich auch nicht, dass du so viele Dinge getan hast.

Welche Angelegenheiten auch immer vor dir auftauchen mögen, versuche sie alle zu erledigen, eine nach der anderen. Die Dinge tauchen deshalb vor dir auf, weil sie eine Verbindung zu dir haben. Selbst wenn es schwierig ist und du zu viele Dinge zu erledigen hast, habe keine Angst. Tu es einfach.

Das Leben ist Handeln. Bevor wir auf diese Welt kommen, hatten wir bereits lange Urlaub. Nach dem Tod bis zur Wiedergeburt werden wir wieder lange Urlaub haben. Während du also hier bist, und was immer vor dir auftaucht: Tu es einfach und tu es.

Ich sehe den Mond.
Ich möchte den Mond kennen.
Ich möchte den Mond haben.
Ich möchte in den Mond hineingehen und mit ihm eins werden.
Dies ist der Weg des Buddha. Praktiziere immer intensiv und habe Ausdauer und Geduld.
Wenn du es nicht in diesem Leben erreichst, so gibt es immer ein nächstes Leben.

(Die Bedeutung des »Mondes« ist Wahrheit, das Absolute, Liebe und große Erleuchtung.)

Das Leben ändert sich immer: Gut und schlecht, hoch und niedrig. Wenn deine Richtung und dein Vorhaben während der Veränderungen klar sind, musst du dir keine Sorgen machen, ganz gleich, wie stark die Veränderungen sind. Du gehst einfach weiter, ob es gut oder schlecht, hoch oder niedrig ist.
Während du weitergehst, sind die Veränderungen eine gute Übungspraxis und Erfahrung für dich, und sie helfen, deine Richtung und dein Vorhaben viel klarer zu machen. Du wirst dich über die Veränderungen freuen, und gleichzeitig wirst

du dich selbst in Bezug auf die Veränderungen klarer sehen. Aber wenn du keine klare Richtung und Vorhaben hast, bist du genauso wie ein Boot ohne Ruder, das auf dem großen Ozean hin und her treibt und leidet.

Was ist die Richtung, die Absicht und das Ziel des Menschen?

Lass deine Richtung eine große Richtung werden, deine Absicht eine große Absicht und dein Ziel ein großes Ziel.

Was sind deine Richtung, deine Absicht und dein Ziel?

Wenn du deinen Geist beruhigst, kannst du deine Probleme lösen, eines nach dem anderen.

Die Methode, um deinen Geist zu beruhigen, ist: Vertrauen in das Dharma, in das Absolute und die Lehrreden zu haben.

Jenes Vertrauen wird deinen Geist beruhigen, genauso wie ein schmutziger Körper in das Wasser eintaucht, das den Schmutz fortwäscht, nach und nach.

Darum tauche deinen Körper in das stille Dharma ein, und wasche deinen Schmutz durch die Lehrreden fort, Stück für Stück. Dann wird dieser saubere Körper und Geist eins mit Buddha, und wo immer du gehst, wirst du den Duft der Lotusblüte verströmen.

Die blauen Berge möchten, dass ich, ohne zu reden, lebe, und der blaue Himmel möchte, dass ich ohne Schmutz lebe. Sie wollen, dass ich ohne Gier und Hass lebe wie der Wind und das strömende Wasser.

Shakyamuni Buddhas Lehre ist: »Glaube und folge meinen Lehren (Dharma), aber glaube und folge nicht mir. Und glaube und folge meinen Lehren, aber glaube deinem Geist, der meinen Lehren glaubt und ihnen folgt.« Das ist richtig! Wenn dein Geist den Lehren nicht glaubt und ihnen nicht folgt, kann dich niemand retten.

Das ist ein besonderer Satz. Dieser Geist macht dich zu einem Buddha und Bodhisattva, dieser Geist von dir macht dich zu einem gewöhnlichen Lebewesen und macht dich glücklich oder unglücklich.

Wenn du jenen Geist von dir reinigst und eins wirst mit Buddhas klarem Geist, dann gibt es nichts zu glauben oder zu folgen. Du bist schon eins mit Buddhas Geist, und dieser eine Geist rettete bereits dich selbst und andere.

Aber bis zu jener Zeit bedeutet das Glauben an diese Lehre und ihr Befolgen, dass du gerettet wirst. Aber wenn du den Lehren nicht glaubst und folgst, musst du die Übungspraxis intensiver machen, um fähig zu sein, dies zu tun.

PS: Durch diese Lehrrede kannst du zwischen Erkennen und Religion unterscheiden. Buddhismus ist Erkennen.

Vor langer Zeit hatten Bodhidharma und der König eines Tages eine Unterhaltung, in welcher der König sich rühmte, dass er viele gute Dinge für andere getan und viele Tempel erbaut habe. Er fragte daher Bodhidharma: »Ich habe alle diese Dinge vollbracht, welche Art von Verdienst habe ich durch diese Taten erworben?« Bodhidharma antwortete, »Mu-Verdienst«, das bedeutet Nichts-Verdienst. Der König verstand die Antwort Bodhidharmas nicht, er wurde daher wütend und jagte ihn aus seinem Schloss.

Bodhidharmas Rede »Mu-Verdienst« klingt so, als ob er damit meinte: Kein Verdienst. Aber wenn du die Worte transzendierst, bedeutet »Mu-Verdienst« nicht »Mu-Verdienst«. Wir müssen verstehen, dass in »Mu« (das Nichts) alles vollkommen ist.

Nicht-Haben ist die Essenz von Haben, und Haben ist die Essenz von Nicht-Haben. Wenn du Haben und Nicht-Haben transzendierst, ist in Nicht-Haben alles da. Jenes Nicht-Haben, welches das Alles-Haben ist, ist unser wahres Ich.

Wenn du dein wahres Ich erlangst und eins mit ihm wirst, werden die drei Gifte (Gier, Hass und Verblendung) und die fünf Begierden (nach Essen, Ruhm, Sex, Schlaf und Geld) deine Freunde. Die acht Leiden (Geboren sein; alt werden; krank werden; sterben; getrennt sein von denen, die du liebst; mit denjenigen zusammen sein, die du nicht magst; nicht das bekommen, was du willst; und das Ungleichgewicht der fünf Skandas) werden deine Geliebten. Und aus den Vier Edlen Wahrheiten (Leiden, Ursache des Leidens, Ende des Leidens und Erleuchtung) baust du eine lange Mauer der Liebe. Im Inneren jener langen Mauer der Liebe baut jeder ein Haus aus Glück. Das ganze Innere der Mauer ist erfüllt vom wundervollen Duft des Dharma, und überall innerhalb und außerhalb der Mauer macht jener Duft das ganze Universum voll von mitfühlendem Lächeln.

PS: Dies ist eine sehr wichtige Lehrrede, die in sich das Wesentliche aller 84.000 Sutras hat. Erfasse sie!

179

Wir kommen vom Ort des Nichts, aber wir haben eine Form aus Etwas, und diese Form aus Etwas ist immer auf der Suche nach etwas. Weil das so ist, können wir sogar fast unsere Form aus Etwas verlieren. Aber eines Morgens plötzlich wachen wir auf und sagen: »Dies ist nicht der korrekte Weg.«

Der korrekte Weg ist, mit unserer Form aus Etwas nach dem Nichts zu suchen. Wenn wir dies erkennen, ändern wir unsere Richtung und gehen in das Nichts.

Dann:

werden wir nicht kompliziert oder schwierig;

haben wir nichts zu verbergen;

müssen wir nicht lügen;

müssen wir uns nicht aufspielen;

müssen wir nicht wütend werden;

müssen wir nicht neidisch sein

und müssen wir nichts von anderen erwarten.

Es ist so angenehm. Warum haben wir dies nicht früher erkannt?

Wahrer Dank an Buddha, Dank an das Dharma und Dank an den Meister.

Danke dir, danke dir, danke dir.

Der menschliche Geist und das Denken

Wenn du die Methode beherrschst, wie man den Geist benutzt, ist es sehr einfach, ein Buddha zu werden. Nachdem du ein Buddha wirst, kannst du sogar inmitten der sozialen Welt dein Leben führen, ohne beschmutzt zu werden. Und durch dieses unbefleckte und strahlende Leben kannst du allen Lebewesen helfen.

Diese Methode, den Geist zu benutzen, ist zum Beispiel folgende: Bist du in einer lauten Straße, dann versetze dich in das schöne Samadhi, und der Lärm stört dich nicht mehr. Bist du in einer Situation, in der du normalerweise wütend wirst und dich erniedrigt fühlst, dann versetze dich in die strahlende 0, und alle Wut und alle Erniedrigungen verschwinden.

Es ist sehr wichtig, in welcher Weise du deinen Geist einsetzt. Mache fleißig die Übungspraxis, und werde ein Meister in dieser Methode, den Geist einzusetzen.

Wenn du ein korrekter Meister des Geistes bist, hörst, sprichst und siehst du nicht durch die sechs Tore (sechs Sinne), sondern du hörst, sprichst und siehst das, was jenseits der sechs Tore in der 0 ist. Dann hast du in jeder Lage die freie Wahl, worauf du deinen Geist richten solltest.

Wenn negatives Denken auftaucht, so fühle dich deswegen nicht schlecht, und versuche nicht, es zu analysieren: Warum ist jene Art des Denkens aufgetaucht, was bedeutet es und was wird es in der Zukunft bringen? Lass dich nicht von diesem Denken einfangen. Wirf jenes negative Denken sofort weg, und wiederhole dreimal: »Dieses negative Denken ist nicht mein Denken. Dies gehört nicht zu mir«, und sieh den Boden direkt vor dir, sieh den Himmel und tue, was du in diesem Augenblick tun musst.

Denke daran, das Leben ist immer spannend und hält viele Dinge bereit, die zu tun sind. Vergeude daher keine Zeit für negatives Denken, das dir überhaupt nichts bringt.

PS: Heute ist ein Tag, an dem man leicht von negativem Denken eingefangen werden kann.

Buddhas übernatürliche Kraft der Durchdringung ist unermesslich. Menschliches Denken kann sich nicht einmal vorstellen, was diese Kraft ist. Diese Kraft erschafft alles; sie erschafft das Universum und die Menschen.

Wenn du diese Kraft einsetzt, die alles wunderbar erschafft, wird diese ganze Welt schön. Wie gelingt es, die Kraft und die Menschen miteinander zu verbinden? Diese Verbindung mit der Kraft kommt durch den Geist. Wenn der Geist rein und klar ist, bist du mit dieser Kraft verbunden; wenn der Geist unklar ist, bist du niemals mit ihr verbunden.

Um einen reinen und klaren Geist zu erzeugen, musst du zuerst dein Denken schön halten. Bewahre immer ein schönes Denken, und beseitige alle Hindernisse, die im Geist sind. Dann wirst du mit dieser Kraft verbunden sein, du wirst ein Meister der Kraft werden, und du wirst ein vollkommen freier Mensch sein.

Werde ein Meister dieser übernatürlichen Kraft der Durchdringung und lehre andere, wie sie ebenso ihr Meister werden können.

Die übernatürliche Kraft der absoluten Energie kann alles bewirken. Diese Kraft wirkt manchmal durch die Form und manchmal ohne die Form nur durch Ursache und Bedingung und die Naturenergie von Yin und Yang. Wenn Menschen alles loslassen, wenn sie nicht über sich selbst nachdenken und nichts sie hindert, wenn sie einen vollkommen freien Geist haben, dann können sie diese übernatürliche Kraft der Durchdringung nutzen. Diese übernatürliche Kraft der Durchdringung erlangst du nur durch deine Übungspraxis. Wenn du in der Lage bist, diese übernatürliche Kraft der Durchdringung zu nutzen, vergisst du sogar die eigene Kraft. Mit jenem Geist des Vergessens kommt die durchdringende Kraft von selbst und jener Geist wird alles erschaffen, ohne irgendetwas zu wollen.

Der glückliche Geist ist glücklich, der traurige Geist ist traurig. Doch bei deiner Übungspraxis musst du den glücklichen und den traurigen Geist aushalten. Während du diesen Geist erträgst, ist deine Lage sehr schwierig, doch wenn du die Übungspraxis meisterst und sie erträgst, kannst du sie überwinden. Wenn du den glücklichen und traurigen Geist überschreitest, kannst du dein wahres Selbst sehen.
Aber selbst wenn du dein wahres Selbst sehen kannst, ist der glückliche Geist ein glücklicher und der traurige Geist ein trauriger Geist. In der Tat, wenn du glücklich bist, bist du wirklich glücklich, und wenn du traurig bist, bist du wirklich traurig. Warum ist dies so? Beantworte diese Frage.

Sieh dich selbst. Sammle dein ganzes Denken in deinem Körper. Dein Körper ist der Mittelpunkt des ganzen Universums.

Aber 84.000 Verblendungen bewirken, dass du 84.000 Wege gehst. Dadurch verlierst du den zentralen allumfassenden Punkt deines Körpers, und du vergisst dich selbst und dein Zentrum. Deshalb irren die Menschen von der Geburt bis zum Tod umher, und ohne etwas zu tun, verschwinden sie einfach.

Sammle dein ganzes Denken und deinen Geist in deinem Körper und sieh dich selbst. Wie bewegt sich dieser Körper gerade jetzt? Ist er krumm, leidet er oder ist er von Illusionen bestimmt?

Wenn du erkennst, dass du der zentrale Punkt des ganzen Universums bist, welche Handlung entsteht dann? Wenn du deinen Körper auf krumme Weise einsetzt, wird das ganze Universum krumm. Wenn du deinen Körper so einsetzt, dass er sich wohl fühlt, fühlt sich das ganze Universum wohl.

Dieser kleine Körper bewirkt, dass sich alles bewegt. *Prüfe daher, wie du diesen Körper benutzen solltest.* Eine klarer Mensch benutzt seine Form, ohne sich durch Schwierigkeiten oder Glück hindern zu lassen, und weiß sich des Lebens zu freuen.

Betrachte andere nicht aus dem Blickwinkel deines eigenen Denkens. Bevor du auf andere schaust, schaue auf dein eigenes Denken. Wenn es in diesem Denken kein Du oder Ich gibt, dann kannst du andere sehen.

Im Denken des Menschen, der andere sehen kann, geht es stets darum, wie er anderen helfen kann, wie er sie auf den korrekten Weg führen kann, es ihnen angenehm und sie glücklich machen kann.

Für den Menschen, der nur sich selbst sieht, ist der Himmel voll von dunklen Wolken, Donner und Sturm. Für den Menschen, der andere sieht, ist der Himmel voll von weißen Wolken, die stets leichte Regenschauer ergeben, die den Durst der Menschen löschen.

Sei nicht der Schwanz einer Schlange. Sei der Kopf eines Drachen.

Heute ist der Tag der Freiheit – frei von Verblendungen, Qualen und Blockaden und vor allem frei von Karma. Darum lege alles ab, was du in deinem Geist festgehalten hast, zum Beispiel schlechtes Denken, hasserfülltes Denken und kompliziertes Denken. Lass alles los und befreie dich selbst. In jenem Augenblick kannst du eins werden mit dem Absoluten; du kannst wirklich einen Geschmack von der Wahrheit haben, und du kannst dich in die wahre Welt hineinbegeben. Lebe heute den ganzen Tag wahrhaftig; sprich wahrhaftig, denke wahrhaftig und handle wahrhaftig. Verbringe diesen Tag hundertprozentig wahrhaftig.

Der hohe und klare Herbsthimmel ist unermesslich hoch und klar. Aber warum, aus welchem Grund ist mein Geist nicht genauso? Was blockiert ihn, und an was hafte ich, das mich in dieser Weise fühlen lässt?

In diesem blockierten gegenwärtigen Leben voller Anhaftungen sehne ich mich danach, diesen unermesslich hohen und klaren Geist zu haben. Manchmal ist mein Geist vorübergehend weit und klar, aber dann fällt er auf die karmische Stufe zurück. Anstatt dieses Gefühls des unermesslich hohen und klaren Herbsthimmels durchdringt plötzlich der kalte Wind meine Kleidung. Ich werde so einsam, und ich suche das Gesicht meines lieben, mir fehlenden Geliebten.

Aber heute sieht das Gesicht meines lieben, mir fehlenden Geliebten auch einsam aus.

Hallo! Ich bin hier! Siehst du mich?

Öffne das Tor deines Geistes ganz weit. Je weiter du deinen Geist öffnest, desto mehr weitet sich deine Persönlichkeit und desto wohler fühlst du dich. Ist das Tor nur wenig geöffnet, dann ist der eigene Lebensweg beschwerlich.

Wenn du von vielen Dingen gefangen bist, wirf diese Hindernisse in den Mülleimer, wasche deine Hände, gehe weiter und öffne das Tor so weit wie möglich.

Der Weg von allen Menschen ist derselbe, ob ihr Tor weit oder nur wenig geöffnet ist. Daher machst du das Tor am besten weit auf und gehst ungehindert voran.

Und denke daran: Jenes weit geöffnete Tor ist immer harmonisch.

Der Geist aller Menschen ist derselbe, doch wie sie ihn individuell nutzen, ist verschieden. Die Menschen machen von ihrem Geist entsprechend ihrem persönlichen Karma Gebrauch – auf gute Weise, auf schlechte Weise, auf schäbige Weise, auf verletzende Weise und auf harmonische Weise.

Der Weg, der den Geist der Menschen zusammenführt und zu einem einzigen Geist werden lässt, ist es, sich nicht von dem individuellen Gebrauch des Geistes einfangen zu lassen. Wenn du davon gefangen wirst, wirst du dich selbst verlieren. Wenn du nicht willst, dass du von deinem individuellen Gebrauch des Geistes gefangen wirst, dann beharre nicht auf deiner Meinung. Bringe große Geduld auf, die Meinungen anderer anzuhören. Diese große Geduld wird dich dazu bringen, die Meinungen anderer wahrhaft zu verstehen. Wenn du die Meinung anderer wirklich verstehst, wirst du nicht von ihren Ansichten gefangen werden, und gleichzeitig wirst du ihren ursprünglichen Geist verstehen.

Wenn du den ursprünglichen Geist anderer Menschen verstehst, wird dieser ursprüngliche Geist mit deinem eigenen ursprünglichen Geist eins werden. Dieser Geist ist jenseits des Karma, ist wahrer menschlicher Geist und wird eins mit dem absoluten universalen Geist.

Alles wandelt sich: Von diesem Geist zu jenem Geist, von hier nach dort. So ist das Leben und der Geist des Menschen; sie sind wie das Strömen des Wassers. Aber strömendes Wasser, das sich in einem Tal staut und steht, wird faulig. Genauso ist der menschliche Geist.

Ganz gleich, was daher passiert oder welche Qualen du erleidest, lass dich nicht davon gefangen nehmen. Finde die Lösung der Probleme, während du deine täglichen Aufgaben einhundertprozentig erledigst. Dann werden sich alle Probleme von selbst auflösen wie strömendes Wasser, das sich irgendwo staut und dann weiterfließt. Und alle Qualen werden enden.

Was ist deine tägliche Aufgabe heute?

Wenn dein Körper gesund ist, ist jeder gesund.

Wenn dein Körper krank ist, ist jeder krank.

Wenn dein Körper sich wohl fühlt, fühlt sich jeder wohl.

Finde den Meister des Nicht-Geistes, und mache deinen Körper mit jenem Meister gesund und angenehm, die ganze Zeit.

Die Körper der Buddhas und Bodhisattvas sind krank, wenn die Lebewesen krank sind.

Die Körper der Buddhas und Bodhisattvas sind gesund und fühlen sich wohl, wenn die Lebewesen gesund sind und sich wohl fühlen.

Wenn alle Lebewesen den Meister des Nicht-Geistes finden, *dann werden alle Buddhas und Bodhisattvas ins Nirvana eingehen und Urlaub ohne Ende haben.*

Der menschliche Geist ist so beschaffen, dass er umso größer wird, je mehr du ihn in einer großen Weise einsetzt – wie ein Ballon. Aber wenn es da Ego gibt in deinem Geist, der in einer großen Weise eingesetzt wird, dann wirkt das Ego wie ein Loch und der Geist schrumpft und wird klein.

Nutze deinen Geist auf große Weise, aber lass deine Verblendungen und das Ego fallen, dann wird dein Geist größer und größer, so wie das ganze Universum.

Je mehr du in jenem großen Geist danach strebst, deinen Schmutz zu entfernen, desto strahlender und schöner wird er; genau im Verhältnis zur Größe des Strebens. Mit jenem strahlenden Geist kannst du alles tun, was du willst. Du wirst alles bekommen, was du willst, weil jener Geist bereits eins ist mit dem absoluten Geist.

Wenn zwei Menschen einen klaren strahlenden Geist haben, werden diese zwei Menschen glücklich. Doch wenn einer der beiden einen klaren und strahlenden Geist hat, der andere aber nicht, macht der unklare Geist den (eigentlich) klaren Geist ebenfalls unklar, und dann sind sie miteinander nicht klar.

Wenn die Sonne durch eine dunkle Wolke verdeckt ist, kannst du ihre Strahlen nicht sehen. Aber wenn die Sonne die Wolke verschwinden lässt, dann kannst du ihre Strahlen wieder sehen.

Die Klarheit eines klaren Menschen führt den unklaren Menschen stets in Richtung Klarheit.

Ein klarer Mensch hat keine Anhaftungen, Hindernisse und kein Ego und daher gibt es kein Ich. Jenes Nicht-Ich wird der Nicht-Ich-Meister. Aber ein unklarer Mensch hat Anhaftungen, Hindernisse und Ego und denkt, dass das Ego der Meister ist.

Die meisten Krankheiten sind vom Geist verursacht. Wenn der Geist sich wohl fühlt, wird man sogar gesund, wenn man krank ist. Wenn der Geist sich nicht wohl fühlt, entstehen alle Arten von Krankheiten.

Der Geist ist der Meister des Körpers, und der Körper ist der Meister im Gebrauch des Geistes. Ob du gesund bist oder nicht, wird also dadurch bestimmt, wie du deinen Geist einsetzt. Wenn du deinen Geist in einer demütigen und guten Weise einsetzt, wirst du gesund. Wenn du deinen Geist in einer überheblichen, aggressiven und neidischen Weise einsetzt, wirst du krank.

Wenn du erkennst, dass der Ort des Geistes Buddha ist und dass du Buddha bist, wird dir klar, dass der Ursprung aller Krankheiten in dir selbst liegt. Um die Ursachen zu beseitigen, mache täglich deine Übungspraxis und mache es dir angenehm. Habe einen zufriedenen Geist; das wird dich gesund machen, und dann wird ein einziges Wort von dir, das aus deinem zufriedenen Geist kommt, Medizin für die Krankheit des anderen sein.

Das Denken der Menschen ist verschieden. Sie denken immer, dass das, was sie kennen, das Beste sei. Wenn daher die Dinge nicht so laufen, wie sie es erwarten, werden sie wütend, stören andere und leiden. Sie gehen zurück in ihre eigene Karma-Welt, wissen nicht, was richtig und falsch ist, kommen dann zurück in das Leiden und führen ein sehr schweres Leben.

Praktizierende bringen ihr Denken immer in die 0, bevor sie ihre Ideen äußern; sie beobachten, ob ihr Denken richtig oder falsch ist, und setzen es dann in Handlung um. *Wenn es kein Richtig oder Falsch gibt, nichts, um darüber nachzudenken, dann setze es in Handlung um, ohne zu reden.*

Und erinnere dich: Wenn du einen Schritt vorwärts gehst, verharre immer einen Schritt; dann äußere deine Ideen und Gedanken. So zu handeln hat den Sinn, anderen zu helfen, sich selbst zu schützen und ein sicheres Leben zu führen.

Die wahre Verschmutzung dieser Welt

In dieser Welt gibt es fünf Milliarden voneinander getrennte Geister. Diese fünf Milliarden getrennter Geister spielen jeder für sich. In diesen fünf Milliarden getrennten Geistern gibt es immer 84.000 Verblendungen, die auftauchen und verschwinden und diese Welt mit 420.000 Milliarden Regen, Donner, Winden und Wolken verdecken.

Bei den fünf Milliarden voneinander getrennten Geistern ergibt sich die kleinste Zahl, wenn je zwei zu einem Geist werden. In jenem Augenblick entsteht Liebe.

Jener eine Liebesgeist, der aus zwei Geistern entsteht, kann fünf Milliarden voneinander getrennte Geister an einen Ort bringen und einen reinen Geist erschaffen. Könnt ihr sehen, wie mächtig, wie stark und wie herrlich dieser Geist ist?

Liebe Übende: Beseitigt alle Verblendungen aus eurem Geist. Erkennt die Theorie von den zwei Geistern, die eins werden: Der Geist des Ehemannes wird eins mit dem Geist seiner Ehefrau.

Der Geist der Ehefrau wird eins mit dem Geist ihres Ehemannes.

Der Geist des Freundes wird eins mit dem Geist seines Freundes.

Der Geist der Eltern wird eins mit dem Geist ihrer Kinder.

Der Geist der Kinder wird eins mit dem Geist ihrer Eltern.

Der Geist der Führungsperson wird eins mit dem Geist der Bürger.

Der Geist der Bürger wird eins mit dem Geist der Führungsperson.

Der Geist der Mönche und Nonnen wird eins mit den Geboten und dem Geist ihres Meisters.

Ihr alle, werdet ein Buddha-Geist, lebt ohne Angst und lebt im Glück ohne Ende.

Lasse immer den Geist entstehen, der für andere Verständnis hat. Dies ist der Weg, sich selbst zu schützen. Erkenne immer, wie man anderen Achtung erweist. Dies ist der Weg, von anderen geachtet zu werden.

Wenn man keinen verständnisvollen Geist für andere hat, führt dies dazu, dass man einsam wird.

Wenn du dich über andere beklagst, führt dies dazu, dass du dein Ansehen verlierst und von anderen enttäuscht wirst.

Wenn du andere kontrollierst, führt dies dazu, dass du nicht von anderen geliebt wirst.

Das Leben scheint schwierig zu sein, aber versenke alles in dem strahlenden und klaren Ort und versuche, innerhalb der Stille die Wahrheit zu finden. Dann wird das Leben leichter, und alle Dinge, die du tust, eines nach dem anderen, werden sehr interessant.

Und vergiss nicht, man existiert immer durch die anderen.

Beende das Denken, das versucht, zu prahlen.

Bevor du versuchst, zu prahlen, denke darüber nach, wodurch andere sich wohl fühlen.

Bevor du versuchst, zu prahlen, denke darüber nach, wodurch jeder Mensch sich wohl fühlt.

Dieses großartige Denken rührt bereits den Geist und die Augen der anderen an. Durch dieses Denken empfängt man automatisch die Liebe und die Achtung der anderen.

Prahlerisches Denken setzt einen selbst herab. An andere zu denken bedeutet, sich selbst korrekt darzustellen. Diese richtige Entfaltung des Denkens führt dazu, den korrekten Buddha-Pfad zu finden.

Am strahlenden und klaren Himmel erscheint plötzlich eine Wolke. Im strahlenden, klaren und zufriedenen Geist erscheint plötzlich negatives Denken. Aufgrund von jenem negativen Denken fühlt man sich schlecht, verbringt den ganzen Tag in der dunklen Wolke und verschwendet seine Energie für nichts.

Negativität entsteht durch deine Wechselwirkung mit anderen, und du beschuldigst dann die anderen und magst sie nicht, weil sie dich durch ihren Einfluss negativ stimmen. Dann denkst du, dass du jenen Menschen nicht wieder sehen willst und erzeugst alle möglichen Illusionen und Projektionen für nichts.

Verliere in einem solchen Augenblick nicht dich selbst wegen der anderen. Hole das Selbst, das du wegen des anderen verloren hast, wieder zu dir zurück. Dann wird die Negativität, die durch diesen Menschen entstanden war, verschwinden, und zur selben Zeit wirst du fähig sein, zu deinem eigenen Fehler zu stehen.

Den eigenen Fehler zu sehen bringt sofort die dunkle Wolke zum Verschwinden und man kann einen zufriedenen Geist haben und bewahren. Im zufriedenen Geist reinigt man diesen Geist wieder und wieder und versucht, denselben Fehler nicht noch einmal zu machen. Man reinigt ihn und bringt ihn wieder und wieder zum Glänzen, bis der Schmutz verschwunden ist, und kann dann wahres Glück erlangen.

Auf dem Weg des Nicht-Wegs
kann man sich angenehm erholen
wie der Wind, der nicht vom Netz gefangen wird.

Meditation bedeutet nicht nur zu sitzen. Solange der Geist nicht überall hin zerstreut ist, ist das Meditation – ob du nun gehst, stehst oder sitzt. Wenn du meditieren kannst, während du tätig bist, ist dies insbesondere Meditation, bei der du dich selbst im leeren Spiegel sehen kannst.

Sammle den Geist stets an einem Ort, und lasse korrekte Rede, korrektes Denken und korrektes Handeln entstehen. Diese Meditation ist die wahrhaftige Meditation.

Wenn du handelst, während du in wahrhaftiger Meditation bist, beeinträchtigt dieses Handeln niemanden, und es bleibt keine Erinnerung bei dir zurück. Weil du alles vergisst, kannst du nicht behindert werden durch das, was du getan hast.

Der Geist, der nicht zerstreut ist, gleicht einem großen stillen Ozean, auf dem kein Orkan entsteht. Er hinterlässt nur schöne Wellen, und daher kann ein kleines Boot ohne Segel angenehm auf ihm fahren.

Bewahre heute deinen Geist so, dass er sich wohl fühlt.

Je geschäftiger du bist und je mehr Dinge du zu tun hast, desto mehr solltest du dir einen angenehmen und gleichmütigen Geist bewahren. Wie viele Dinge du auch zu tun hast, du wirst nicht nervös, negativ oder verkrampft. Du kannst deine Dinge korrekt tun, eines nach dem anderen.

Versuche nicht, deine gesamte Arbeit auf einmal zu beenden, und erwarte nicht, dass die Ergebnisse sich sofort zeigen. Welche Arbeit jetzt auch getan werden muss, tue sie jetzt, und auf welches Ergebnis auch immer du warten musst, warte darauf. Sieh und schätze dich selbst für die schwierigen

Dinge, die du tust, und schätze den Menschen, der dir jene schwierigen Aufgaben gibt.

Jener Geist der Wertschätzung wird dich gleichmütig machen und dich wohl fühlen lassen, und du kannst dich dann über deine Aufgabe freuen und die Dinge korrekt erledigen, eines nach dem anderen. Wenn du dich über deine Aufgabe freust, werden die Ergebnisse deiner Arbeit andere glücklich machen, und sie werden dich respektieren.

Der Geist, der anderen vertraut, ist ein glücklicher Geist. Wenn du einen Menschen hast, dem du vertraust, ist jener der glücklichste Mensch.

Der Geist, der anderen vertraut, hat kein Ego und ist ein demütiger Geist.

Jemanden zu haben, dem du vertraust, kommt daher, dass du im letzten Leben viele Bodhisattva-Taten getan hast.

In dem Geist, der anderen vertraut, gibt es Schönheit, Liebe und Mitgefühl. Wenn du jemanden hast, dem du vertraust, wirst du niemals arm sein; du wirst stets in Reichtum leben.

Wenn du einen Geist haben willst, der anderen vertraut, und einen Menschen, dem du vertrauen kannst, praktiziere zuerst, anderen zu vertrauen. Und während du praktizierst, finde dich selbst. Wenn du dich selbst findest, kann jenes Selbst dem Nicht-Selbst vertrauen, und dann kannst du vielen anderen Menschen vertrauen.

Glossar

0: Die 0, Leerheit, das Nicht-Ich.

84.000 Verblendungen: Ein Ausdruck im Buddhismus, der eine sehr große Anzahl von Verblendungen bezeichnet, die in jedem Augenblick in einem verblendeten Geist auftauchen. Shakyamuni Buddha benannte 108 Grundformen der Verblendung, aus denen sich die 84.000 Verblendungen ableiten.

Acht Leiden: Geboren sein, alt werden, krank werden, sterben, von denen getrennt sein, die man liebt, mit denen zusammen sein, die man nicht mag, nicht das bekommen, was man will und das Ungleichgewicht der fünf Skandas.

Bodhidharma: Der erste Patriarch des Zen. Er lebte 470 bis 532, wurde in Indien geboren und lehrte in China.

Bodhisattva: »Bodhi« bedeutet vollkommene Weisheit und »sattva« bedeutet ein Mensch, dessen Handlungen Ganzheitlichkeit und Harmonie erzeugen. Ein Bodhisattva ist auf dem Weg zur Buddhaschaft und gelobt, allen Lebewesen zu helfen und sie zur Verwirklichung der Wahrheit zu bringen.

Buddha: Die Wahrheit, das Absolute.

(Ein) Buddha: Ein vollkommenes erleuchtetes (erwachtes) Wesen.

Buddha Shakyamuni: Buddha, der vor etwa 2.500 Jahren in Indien lebte, und von dem das Dharma ausgegangen ist.

Dharma: Lehre des Buddha vom kosmischen Gesetz der Welt einschließlich der Menschen, u.a. vom Karma und von den Wiedergeburten.

Dharma Sah: Ein Übungszentrum in der Lotus-Sangha des Europäischen Sozialen Buddhismus.

Drei Gifte: Gier, Zorn (Hass) und Unwissenheit (Verblendung).

Ego: Der feste Glaube an ein »Ich« und ein Selbst, das von anderen getrennt ist.

Fünf Begierden: Begierde nach Essen, Ruhm, Schlaf, Sex und Geld.

Fünf Skandas: Körperliche Form, Gefühle, Wahrnehmung, Willensimpulse und Bewusstsein.

Hap Chang: Eine häufige Geste im Buddhismus, bei der man beide Hände so zusammenlegt, dass die Handflächen sich berühren. Dies ist ein Zeichen der Achtung und ein Ausgleich von Minusenergie (linke Seite) und Plusenergie (rechte Seite).

Ich, Mein, Mir: Der Glaube an das eigene Ego und an Handlungen, die mit dem Ego übereinstimmen, die Zentrierung auf das eigene Selbst und an die Unvoreingenommenheit des Ich.

Karma: bedeutet im Wesentlichen »Ursache und Wirkung«, beinhaltet also den dauernden Prozess von Aktion und Reaktion, aus denen alle Dinge und Phänomene entstehen. Karma bezeichnet beim Menschen vor allem die Folgen der eigenen Handlungen, die immer zu einem selbst zurückkommen.

Karma-Ich: Das Selbst, das entsprechend dem eigenen individuellen Karma denkt und handelt. Es ist von dem großen Ich unterschieden und wird auch als kleines Ich bezeichnet. Nach der Erleuchtung verschmelzen beide.

KATZ!: Ein sehr bekannter Zen-Ausspruch, der vom Meister plötzlich ausgerufen wird. Er soll bewirken, dass der Schüler erwacht und ins Hier und Jetzt kommt.

Koan: Eine Geschichte oder Situation, zu der eine oder mehrere Fragen vom Meister gestellt werden, die für den logischen Verstand paradox erscheinen. Sie werden vom Meister benutzt, um die Klarheit des Schülers zu erkennen und einzuschätzen und helfen dem Schüler, seine Erkenntnis zu vertiefen. Dae Poep Sa Nim verwendet meistens die koreanische Bezeichnung Kong-An.

Lotus-Sangha: Familie der Schüler und Praktizierenden der Meisterin Dae Poep Sa Nim. Wesentliche Basis ist das Lotus-Sutra und die Lehre des Sozialen Buddhismus.

Mantra: Eine Zusammenstellung von Silben, die positive Energie haben und in der Meditation verwendet werden. Dae Poep Sa Nim gibt ihren Schülern das folgende Mantra: Na Mu Kwan Se Um Bo Sal, Na Mu So Ga Mo Ni Bul, Chong Gak Mio Poep Yon Hwa Kyong. Das Mantra stellt gleichzeitig die Energieverbindung zu ihr her und ist ein wichtiger Teil der Übungspraxis.

Niederwerfungen: Wichtiger Teil der Übungspraxis und damit Teil der Meditation. Man geht dabei auf die Knie und legt die Stirn auf den Boden. Diese Übungspraxis wird in der Lotus-Sangha des Europäischen Sozialen Buddhismus regelmäßig ausgeführt und ist im gesamten Buddhismus gebräuchlich.

Nirwana: Das Ende des Kreislaufs von Wiedergeburten und der Eintritt in die Glückseligkeit und die höchstmögliche paradiesische Welt.

Samadhi: Ein intensiver Zustand der Konzentration während der Meditation. In der Lotus-Sangha des Europäischen Sozialen Buddhismus bezieht sich das Samadhi auf eine ganz bestimmte Übungspraxis, die Dae Poep Sa Nim jedem Schüler entsprechend seinem ganz persönlichen Karma gibt. Das Samadhi ist eine wichtige Praxis zur Überwindung des eigenen negativen Karmas.

Sangha: Die gemeinsame Familie der Praktizierenden.

Sechs Sinne: Sehen, hören, riechen, schmecken, fühlen und denken (Bewusstsein).

Sechs Tore: Dieser Begriff wird für die sechs verschiedenen Formen der Informationsaufnahme des Menschen verwendet. Er bezieht sich also auf die sechs Sinne.

Spiegelpraxis: In der Lotus-Sangha des Europäischen Sozialen Buddhismus wird am Morgen die Spiegelpraxis gemacht, bei der der Schüler sich selbst im Spiegel betrachtet und für drei Minuten lächelt. Es ist eine Praxis, um Negativität in Positivität umzuwandeln und sich selbst zu erkennen.

Sumeru oder Sumi-Berg: Dies ist in der buddhistischen Literatur der höchste zentrale Berg in jeder Welt.

Sutra: Ein Sutra ist eine spirituelle wahrhaftige Lehre, die im allgemeinen aus einem Vortrag (»Predigt«) stammt. Buddha lehrte 84.000 Sutras.

Tan Chun: »Energiegarten«; der zentrale Punkt im unteren Bauch, der drei Finger breit unter dem Bauchnabel liegt, und auf den man sich bei der Sitzmeditation konzentriert.

Teakkl: Das koreanische Wort für Staubkorn. Nach der buddhistischen Lehre hat dieses Staubkorn eine wesentliche Bedeutung für die Entstehung der Welt.

Übungspraxis: Durch die Übungspraxis (manchmal auch als »Praxis« bezeichnet) wird die Methode der Meditation in das tägliche Leben einbezogen und integriert. Dadurch wird das Dharma zunehmend Teil des Lebens. Durch die Übungspraxis sucht und verwirklicht man die Wahrheit.

Vier edle Wahrheiten: Das Leiden, die Ursache des Leidens, das Ende des Leidens und die Erleuchtung (Erwachen).